Edna O'Brien

MEIN IRLAND

Aus dem Englischen von
Momo Schlender

Hoffmann und Campe

Die Originalausgabe erschien erstmals 1976
unter dem Titel »Mother Ireland«
bei Weidenfeld & Nicolson, London

Die Deutsche Bibliothek – CIP-Einheitsaufnahme
O'Brien, Edna:
Mein Irland/Edna O'Brien. Aus dem Engl. von Momo
Schlender. – 1. Aufl. – Hamburg: Hoffmann und Campe, 1996
Einheitssacht.: Mother Ireland ⟨dt.⟩
ISBN 3-455-05723-3

Copyright © 1976 by Edna O'Brien
Copyright © der vorliegenden Ausgabe
1996 by Hoffmann und Campe Verlag, Hamburg
Lektorat: Hanna Siehr
Schutzumschlag: Buchholz/Hinsch/Hensinger
Satz: Dörlemann Satz, Lemförde
Druck und Bindung: Clausen & Bosse, Leck
Printed in Germany

Laßt mich zunächst betonen, daß ich niemandem verzeihe. Ich wünsche allen ein grausames Leben und dann die Flammen und das Eis der Höllen und bei den widerlichen Generationen ein ehrenhaftes Andenken. Genug für heute abend.

»*Malone stirbt*« von Samuel Beckett

Vielen Freunden in Irland, die mir für die Arbeit an diesem Buch eine Hilfe waren, bin ich zu Dank verpflichtet, aber ohne den freundlichen Beistand Fiac O'Broins hätte ich es wohl überhaupt nicht geschafft.

Zwei Lehrer, Patrick Vaughan und John Jones, liehen mir ihre kostbaren Schulbücher. Außerdem möchte ich John Montague für die Erlaubnis danken, zwei Gedichte aus seinem *Faber Book of Irish Verse* zu zitieren. Das Land selbst tat das Übrige.

Edna O'Brien

For John Fortune – then

INHALT

1

DAS LAND SELBST

Ein Land ist entweder wie eine Mutter oder wie ein Vater, und es ruft immer jenes kribbelnde Unbehagen hervor, das man unterschwellig gegen den einen oder anderen Elternteil empfindet. Irland war immer weiblich, es war Mutterschoß, Höhle, Kuh, mythische *Dark Rosaleen*, Mutterschwein, Braut, Hure und, nicht zu vergessen, die arme *Hagere Hexe von Beare*. Ursprünglich war es ein Land der Wälder und des Dickichts, wie Orpheus es gesehen hat, als er von der Reise des Jason durch neblige Gefilde sang. Überfälle von außen kannte es vermutlich, seit die Eiszeit zu Ende ging und in dem wärmeren Klima Hirsche seine dichten Wälder bevölkern konnten.

Die Geschichte dieser Überfälle wurde überliefert und erdichtet von Menschen und Sehern, die schilderten, wie dem irischen Leib und der irischen Seele Gewalt angetan wurde. Irland war immer ein gottgeplagtes Land. Sankt Patrick, der Schutzheilige (nicht heiliggesprochen!), floh als Sklave aus Antrim, weil er einer Stimme folgte, die ihm sagte, daß er auf ein Schiff gehen und zum Kontinent segeln solle. Er reiste zusammen mit einer Ladung irischer Wolfshunde und stieg in Frankreich aus, wo er in Auxerre studierte, um Geistlicher zu werden. Wieder rief ihn eine Stimme, die von einer Erscheinung begleitet war, diesmal zurück nach Irland, und im fünften Jahrhundert begann er, den Norden und dann das Tiefland zu bekehren, so daß sich Sprache und Denken der Menschen wandelten, sowie sie unter Patricks Herrschaft und das Joch der Heiligen Schrift fielen. Patricks Vorläufer, die Römer, haben Irland nicht überfallen, aber Tacitus berichtet davon, wie ein römischer Feldherr von Schottland aus über die See schaute und schätzte, daß eine einzige Legion Irland hätte unterwerfen können. Möglicherweise irrte er sich, denn trotz der vielen anderen Legionen, die es zu unterwerfen versuchten, wurde Irland niemals vollständig eingenommen, obwohl gründlichst ausgeplündert.

Um 1860 brachte eine Nonne aus einem kontemplativen Orden in der Grafschaft Kerry ihre Zeit damit zu, eine Chronik des Landes zusammenzustellen, als Anregung für Iren und Irinnen in Amerika, um sie an ihre glorreiche Geschichte zu erinnern. Darin betonte sie, wie Irland es geschafft hatte, nie von der Kirche abzufallen. Als Einsiedlerin hielt sie es für nötig, sich von niedrigem Patriotismus zu distanzieren. Sie fand, daß ein patriotisches Herz genausogut auch unter dem Schleier wie unter der Haube glühen konnte! Sie führte das Beispiel des Michael O'Cleirgh an, eines Mönchs, der im 16. Jahrhundert an den *Annals of the Four Masters* gearbeitet hatte, um die Geschichte seines geplagten Volkes niederzuschreiben, »damit sie weiterleben möge bis ans Ende der Welt«.

Seine Aufgabe übernehmend, beschrieb sie den ersten Vorstoß in das leere Erinn in der Zeit vor der Sintflut, als eine Hebräerin, Caesara, eine Nichte Noahs, die Prophezeiung ihres Onkels von einer weltweiten Flut hörte und sich entschloß, in der Fremde Zuflucht zu suchen, in der Hoffnung, ein noch unbewohntes und somit von Sünde noch nicht beflecktes Land zu finden. Sie fuhr mit einer Schar von drei Männern und fünfzig Frauen aus, segelte durchs Rote Meer, vorbei an den Altären der Philister mit den Säulen des Herkules als Leuchtfeuer, vorbei an der gefährlichen Küste Spaniens, nach Irland, der Schicksals-Insel, um Lebensmittel aufzunehmen. Ihre Leute waren die ersten, die dort begraben wurden, die ersten einer langen Reihe verwegener irischer Geister.

Es folgte die Übernahme durch die Partholaner, Sprößlinge der Söhne Japhets, die Irland über das Mittelmeer und den Atlantik erreichten, dreihundert Jahre nach der Sintflut, ungefähr im Jahre 2000 nach Erschaffung der Welt. Sie landeten in Kenmare, in West-Munster, und man vermutet, daß sie die Schriftzeichen, den Handel und die Landwirtschaft verbreitet haben. Der erste Fall von Eifersucht in Irland wird ihrem König Partholan zugeschrieben. Seine Frau hatte sich einer angenehmen Liebschaft mit einem ihrer Sklaven schuldig gemacht, und als er sie deshalb zur Rede stellte, antwortete sie, ob er denn dächte, man könnte Honig in der Nähe einer Frau, süße Milch neben einem Kind, Nahrung neben einem Mann, rohes Fleisch neben einer Katze, Werkzeug neben einem Handwerker lassen – oder einen Mann neben einer Frau in einer einsamen Wüste, ohne

14

daß sie einander beachten würden? Wutentbrannt ergriff er ihren Lieblingshund und schmetterte ihn zu Boden, daß er starb.

Sein Volk wurde von einer Seuche dahingerafft, und danach war das Land ausgestorben. Dann kam Nemedh, aus der Nachkommenschaft des Magog, und kaum daß sich dieser Stamm auf der Insel niedergelassen hatte, kamen auch schon die Formoraner, gräßliche Seeleute aus Afrika, die von ihren Untertanen Steuern in der Form von Kindern, Mais, Rindern, Sahne, Butter und Mehl verlangten.

Sie wurden von den Firbolgs überfallen und vertrieben, den dickbäuchigen Männern, die aus Griechenland kamen, aufgrund eines Bannes, den ihre Herren über sie verhängt hatten und der besagte, daß sie Säcke mit Lehm auf dem Rücken tragen müßten, um Erde auf die Felsen zu verteilen. Sie teilten Irland in fünf Teile auf, von denen jedes ein Königreich bildete, und sie lebten in Frieden, bis an einem klaren Maimorgen im Jahr 3000 die Druiden kamen. Die Druiden, die Magie und Zauberei beherrschten, wurden die »Thuatha de Danann« genannt, denn sie standen unter der Herrschaft der magischen Göttin Dana. Sie besaßen vier Talismane mit großer Macht, einen Schicksalsstein, der bei einer Königswahl donnerte, ein langes Schwert, mit dem man nicht unterliegen konnte, einen Speer von gleicher Beschaffenheit und einen brodelnden Kessel für Bestrafungen. Doch auch für sie kam der Abend ihrer Magie, und sie wurden von den Söhnen des Milesius, den Gälen, die aus Spanien kamen, überwältigt und in den Untergrund getrieben.

Die Dananns hatten sie zuerst besiegt, indem sie einen Nebel über die Insel gelegt hatten, so daß sie die Form eines Eberrückens anzunehmen schien, und indem sie ihre drei Königinnen zu den Milesiern gesandt hatten, um diesen zu schmeicheln und sie zu verwirren. Ein Abkommen wurde getroffen. Die Milesier sollten neun Meilen auf die See hinausfahren, und wenn sie ein zweites Mal erfolgreich landeten, würden sie die Herrschaft über das Land erhalten.

Als aber die Milesier einmal auf See waren, beschworen die Dananns einen vernichtenden Sturm herauf und wühlten das Wasser zu gewaltigen Wogen auf, so daß die Boote wie Bälle geschlagen und jongliert wurden. Der größte Teil der Besatzung ertrank, unter ihnen die fünf Söhne des

Milesius. Die, die überlebten, wußten, daß die Dananns sich die Elemente gefügig gemacht hatten, und kamen mit Verstärkung aus Spanien zurück. Sie kämpften in einer offenen Schlacht bei Derry, in der sie die druidischen Krieger und auch ihre Königinnen niedermetzelten.

Die Milesier teilten das Land zwischen den zwei Brüdern Eber und Erimhon auf, von denen jeder ein Jahr lang regierte, bis sie über das Besitzrecht von drei günstig gelegenen Hügeln in Streit gerieten und Eber in der dann unvermeidlichen Schlacht erschlagen wurde. Erimhon wurde darauf König von Irland, gefolgt von einer langen Linie von Königen, bis Macha, eine rotgelockte Frau, das Recht der legitimen Nachfolge beanspruchte. Sie verkleidete sich als Aussätzige, lockte ihre möglichen männlichen Gegenspieler in den Wald, wo sie sie mit Fesseln band und zu Sklaven machte.

Der Hügel von Tara in der Grafschaft Meath war die Weihestätte dieser Könige und gleichzeitig der Ort, wo Gesetze verkündet oder vorgetragen, Chroniken ergänzt und Stammbäume auf den neuesten Stand gebracht wurden. In Tara mit seinen grünen Hügeln, umzäunt und eingedeicht, in

Tara mit seinem Schicksalsstein und seiner ihm innewohnenden Heiligkeit lernten die Könige ihre vielen Tabus und die vorgeschriebenen Regeln kennen, die ihnen Glück bringen sollten – die Fische des Boyne, das Wild von Luibneck, die Blaubeeren von Brileith, die Kresse von Brossnach, Wasser aus einem Brunnen und die Hasen von Naas.

Die Versammlungen waren immer lärmende Angelegenheiten, und der Hochkönig und die Provinzkönige, ihre Leibwachen, die Barden, die Richter, die Frauen und die Sklaven saßen alle an den ihnen zugewiesenen Plätzen und trugen die ihnen entsprechenden Farben. Ein Sklave durfte eine Farbe tragen, ein Bauer zwei, ein Soldat drei, ein Schankwirt fünf, ein König und ein Barde sechs. Ihre Brustpanzer konnten das Gehirn eines Mannes durchbohren und taten dies oft auch. Krieger ließen sich nieder mit Gürteln, an denen die abgeschlagenen Köpfe ihrer Gegner baumelten, und die gewöhnlichen Soldaten stopften Moos in ihre Wunden, um den Blutfluß aufzuhalten. »Als Vergeltung bekam man kein Gold von einem Mann, aber seine Seele bekam man in einer Stunde.« Doch auch sie hatten ihr Protokoll, ihre Anstandsregeln neben all der Blutrünstigkeit.

Wenn das gekochte Tier zerteilt wurde, bekam der Geschichtsschreiber einen krummen Knochen, der Jäger eine Schweineschulter, der König und der Barde die erlesensten Filets und der Schmied den Kopf des Tieres! Schließlich wurde dieser Platz im Jahre des Herrn 565 von Sankt Ruadhan verflucht, weil der Hochkönig Diarmuid das Asylrecht, das Verbrechern an heiligen Orten zugestanden wurde, mißachtet hatte. Der Heilige reiste mit seinen Gefährten von Tipperary an, stellte sich auf den Rath of Synods in Tara und verfluchte den König und den Ort, mit dem Ergebnis, daß dieser aufhörte, königliche Residenz zu sein.

Tara ist heute ein verlassener, anspruchsloser Ort und ein Zankapfel zwischen dem Straßenbauamt und einer Frau, die sich weigert, ihren Teil zu verkaufen, da er ihrer Meinung nach kein nationales Denkmal darstellt. Man kommt an einem Teehaus vorbei, an einem Garten, der mit Postkartenblumen gefüllt ist, bezahlt einen kleinen Eintrittspreis, klettert den Hügel hinauf und sieht, daß das Kirchenfenster aus buntem Glas eingeschlagen wurde, man klettert weiter und kommt zu einem Steingebäude, versucht die irische Inschrift zu entziffern, man schaut hinunter und sieht Ochsen in der Ebene, und weiter unten sieht man die Spuren, wo nach außergewöhnlichen Funden gegraben wurde. Sechs Meilen entfernt ist ein Ferienlager, wo man Mädchen mit Plastiklokkenwicklern die schmalen, wie Spielzeug anmutenden Betonwege entlangpromenieren sieht, die nach ihrem »Traummann« Ausschau halten und ironischerweise nur verstörte Väter finden, die ihre Kinder in einen Mickymaus-Film hinein- und wieder herauszerren. Das Gedicht von Thomas Moore, obwohl phantastisch, ist seinem Geiste nach wahr und nicht gänzlich unzutreffend für den Rest Irlands:

> *Die Harfe, die einst in Taras Hallen*
> *die Seele der Musik vergoß,*
> *hängt nun verstummt an Taras Wänden,*
> *da ihre Seele ihr entfloß.*
> *So schlummert Stolz vergangner Tage,*
> *so schwand dahin die große Zeit …*

Es war unvermeidlich, daß Irland eines Tages von seinen Nachbarn jenseits der Irischen See, den mächtigen Sachsen, eingenommen wurde, aber der eigentliche Grund für diesen ersten Überfall wird menschlicher Schwäche angelastet. Sie machten ihre erste Eroberung im Jahre 1169, unter der Herrschaft Heinrichs II., und das nur wegen einer Ironie des Schicksals. Devorgilla, die Frau des Breifne O'Rourke, empfand nämlich eine zarte Neigung zu Dermot MacMurrough, dem Prinzen von Leinster, und nutzte die Abwesenheit ihres Mannes, um sich Dermot hinzugeben und Liebe und Lust zu befriedigen. Als der zum Hahnrei gemachte O'Rourke von dieser Verfehlung erfuhr, ging er zum Hochkönig Rothorike und bekam dort Hilfe, um Leinster zu überfallen. Dermots eigene Gefolgschaft verweigerte ihm die Hilfe, und so verließ dieser den Palast und floh zu Heinrich II., dem König von England, um Unterstützung von ihm zu erbitten, und wurde dort mit Gunst und Wohlwollen an des Königs Brust empfangen. Der König gab ihm ein Dokument, mit dem er in Bristol eine Streitmacht zur Rückeroberung Leinsters ausheben konnte, und mit Geduld und Ausdauer erhielt Dermot eine solche Streitmacht unter der Führung eines gewissen Robert Fitzstephens. Mit dem Versprechen, Wexford und zwei Areale Land zu erhalten, sammelte Fitzste-

phens dreimal zwanzig Männer, ungefähr dreihundert Bogenschützen, gut ausgewähltes und
ausgerüstetes Fußvolk. Als sie in Irland landeten,
erfüllten sie die alte Prophezeiung des Merlin, daß
Irland von einem Zweigeteilten Ritter erobert werden würde, da Fitzstephens einen normannischen
Vater und eine Mutter aus Chamber hatte und
weil sein Wappen und seine Insignien durch die
beiden Familienembleme zweigeteilt waren. Die
Waffenträger füllten die Gräben um Wexford, derweil die Bogenschützen auf die Mauerzinnen
zuhielten und von den Einheimischen aus dem
Inneren mit großen Balken und Steinen zurückge-
worfen wurden. In jener Nacht zogen sie sich
zurück, und einige ihrer Schiffe brannten aus;
aber am Morgen, nach dem Gottesdienst, griffen
sie erneut an, und die Bürger gaben nach der
Vermittlung durch Bischöfe und ehrenwerte Männer auf, boten Geiseln an und gelobten MacMurrough die Treue.

Das Fußvolk brachte ihm dreihundert Feindes-
köpfe dar, die sie ihm zu Füßen legten, er aber
drehte jeden einzelnen von ihnen um, um ihn zu
erkennen, wobei er voll Freude die Hände hob,
Gott dankte und, als er den Schädel eines Mannes

sah, den er auf den Tod gehaßt hatte, den Kopf an Haaren und Ohren hochhielt und ihm mit seinen Zähnen die Nase und die Lippen abbiß. Sie setzten ihre Raubzüge durch Leinster fort, bekämpften die ungehobelten Iren, die aus Wäldern, Schluchten, Pässen und Sümpfen hervorkamen, nur um in großer Zahl erschlagen zu werden und die Köpfe durch die Streitäxte der Gallowglasses, der fremden Söldner, zu verlieren. Sie mordeten, plünderten und brandschatzten, so daß diejenigen, die geglaubt hatten, MacMurrough widerstehen zu können, umdenken mußten, denn, wie die Welt weiß, »wie das Glück steht und fällt, so tut es der Glaube des Menschen«. Im folgenden Jahr 1170 sandte Dermot nach Strongbow, Richard de Clare, und lockte ihn mit einer Sprache, so süß wie die eines Mädchens.

Der Storch und die Schwalbe und auch die Vögel des Sommers sind gekommen und mit den westlichen Winden wieder entschwunden« (so schrieb er). »Lange schauten wir aus und wünschten Euer Kommen, und wiewohl die Winde schon im Osten und östlich waren, so kamt Ihr doch bis zur Stunde nicht her zu uns; deshalb säumet nun nicht länger, und eilet geschwind herbei, so daß es nicht wie ein

Mangel an Neigung oder wie das Vergessen eines Verspre-
chens aussehe, sondern so, daß die nagende Zeit der Grund
für Euer langes Fernbleiben sei. Ganz Leinster ist uns
schon vollständig ergeben, und wenn Ihr Euch alsbald mit
einer starken Kompanie auf den Weg macht, zweifeln wir
nicht, daß wir die andern vier Teile erhalten und diese dem
ersten Teil angliedern werden.

Insgeheim war er mit Rothorike einer Meinung, daß, sobald Leinster bezwungen wäre, er ihm alle Engländer zurückschicken würde und auch keine weiteren rekrutieren würde, um herüberzukommen. Dieser Plan gelangte nie zur Reife. Wenig später starb Dermot an einer nicht bekannten, heimtückischen Krankheit, und in seinem Nachruf hieß es, daß er schon lebendig verfault war und ohne Buße starb, ohne den Leib Christi und ohne die Letzte Ölung empfangen zu haben, so wie es seine üblen Taten verdienten.

Die Engländer blieben, und zwar, laut dem Historiker Sylvester Giraldus Cambrensus, genannt Gerald von Wales, bei großer Gefahr für ihr Leben; nicht nur in der Schlacht, sondern auch dadurch, daß sie mit den wilden Iren Kontakt aufnahmen, setzten sie sich der Gefahr der Entartung aus, ganz als ob sie aus Circes Giftbecher getrunken hätten.

Cambrensus war, wie er selbst versprach, gottesfürchtig in jeder Beziehung, außer in seiner Einstellung zu Irland und zum schönen Geschlecht. Er hob besonders beider unbeständige und wankelmütige Naturen hervor, wobei sein Hauptangriff Kleopatra galt, die den Antonius dazu gebracht hätte, seine angestammten Gewohnheiten aufzugeben und seine Zeit mit Laster, Unordnung und Zügellosigkeit zu vergeuden. Irland prüfte er auf Leib, Land und Seele gemäß seinen knorrigen Prinzipien und ließ wissen, daß die Menschen, die »ungeschlachten« Iren, blind, zügellos, unzähmbar, abergläubisch, religiös, widerwärtig, whiskeysaufend, frivol, freimütig, in der Liebe flatterhaft, jähzornig und kriegslüstern seien. Als er Irland verließ, verfluchte er es aus ganzem Herzen in dem Glauben, Gottes Willen zu erfüllen. Er wünschte Mutter Irland, daß ihre Länder verbrennen, ihre Brüste verdorren, ihre Wölfe am Straßenrand darben sollten. Dieser Fluch erfüllte sich schließlich. Ein hartes und gerechtes Urteil, das er über diese provinziellen, halsstarrigen Leute fällte, die es verweigert hatten, Gott in wahrer Religion zu dienen, die die kirchlichen Salbungen ablehnten und statt dessen diesem verruchten Antichrist, dem Papst von Rom, ergeben waren.

Nachdem sie sich im Land niedergelassen hatten, vernichteten die Engländer nach und nach große Teile der Wälder, um den heimischen Dieben und Bösewichtern ihre Schlupflöcher und Standquartiere zu nehmen. Es folgten Kolonisierung, Dezimierung, Rebellion und Gegenrebellion, Gesetze, Pfählung, Statute, Cromwells Grausamkeiten und die Vertreibung der Iren nach Connaught, wo das Land felsig war und die Tiere sich nur von Büscheln von Gras, Kräutern und Hirschzunge ernähren konnten, die zwischen den Spalten wuchsen.

Dean Swift, der einen Verrückten vom anderen wohl zu unterscheiden wußte, genauso wie einen Halsabschneider vom anderen, hat gesagt, an seinem Unglück trage Irland nicht ganz allein die Schuld, sondern es sei die Folge von Millionen kleiner Rückschläge gewesen.

Er schrieb die Einzelheiten dieses Raubbaus nieder, wobei er aufzeigte, daß das Bauholz der Wälder nicht der Nation zur Verfügung gestanden hatte, weder für Wohnhäuser noch für Handelsschiffe, daß die eine Hälfte des gesamten Einkommens als reiner Profit nach England ging, daß Familien, die ungeheure Pachten bezahlten, im Schmutz und allein von Kartoffeln und Buttermilch lebten, daß der König niemals kam und der Vizekönig vier Fünftel des Jahres wegblieb und daß man es, kurz gesagt, vergleichen könnte »mit einem Patienten, der von Ärzten aus der Ferne Arznei geschickt bekam«.

Jeder hatte irgend etwas über Irland zu sagen – Essayisten und Reisende und Rechtsanwälte und päpstliche Gesandte und Oberste Richter – alle teilten mit, was sie dachten oder was sie vermuteten, und so sind wir also gehalten zu glauben, daß die Iren herzlich waren, daß sie halsstarrig waren, daß sie geizig waren, daß die »gewöhnlichen Leute« gern Unmengen von Bier und use quebath (Whiskey) tranken, daß Männer, Frauen und Kinder nach einem Tabak süchtig waren, den sie in fünf Zentimeter langen Pfeifen rauchten und mit dem Wort ›shagh‹ weiterreichten, daß sie anfällig waren für Husten, Kurzatmigkeit, Schlackerbeine, Rachitis und Auswurf, daß sie Lorbeerblätter ins Bier taten, um es zu würzen, und ihre Gerste zwischen zwei Steinen mahlten, daß es

dort keine Reptilien gebe oder, falls welche einge-
führt würden, diese sogleich eingingen. Die Hütten oder Misthaufen, in denen sie wohnten, hätten mannshohe Wände mit Dachbalken, die mit
Stroh und Blättern gedeckt waren, keine Kamine
und keine Fenster, so daß die Bewohner fast am
Rauch erstickten. Die Kleider der gewöhnlichen
Irinnen hingen lose am Körper und wären unge-
stärkt, und sie trügen niemals Mieder, um etwa
die Dinge der Natur zu halten oder zu richten. Sie
schützten ihre Köpfe mit Umhängen vor der Hitze
der Sonne und den Angriffen des Regens. Ihre
Eßgewohnheiten wären geradezu viehisch – sie
glaubten fest, daß Entenmuscheln Fleisch wären,
und sie täten ihre Butter in Weidenkörbe, die sie
im Sumpf eingrüben, um Vorsorge für die Fastenzeit zu treffen, in der sie sie dann stinkend auf-
aßen. Auf Jahrmärkten aß ein Mann ein Kotelett
aus der Hand ohne Salz oder Soße, und sie aßen
sogar Lachs ohne Essig. Irland wurde immer als
Mißgeburt angesehen, von der nichtsdestoweniger für den Außenstehenden eine Faszination ausging, die schon fast an Heißhunger grenzte.
Ein Dr. Twiss, der im Jahre 1775 dort ankam,
sagte: »Naturgeschichtlich sind sie wegen ihrer

dicken Beine interessant, besonders die Frauen aus dem gemeinen Volk.« Weiter sagte er dann, daß diese Damen, weit entfernt von widerwärtiger Reserviertheit, sehr entgegenkommend wären und daß ein Reisender, der nur wenig Zeit zum Bleiben hätte, bestrebt sei, diese Zeit so angenehm wie möglich zu verbringen. Bei Muckross Abbey in Killarney überkam ihn dann das kalte Grausen, nachdem er soeben erst dem Trugbild von zerklüfteten Felsen, schattigen Tälern, grünenden Wiesen und einer Eibe erlegen war, von der ein sanftes, frommes Licht ausging. Er hörte nämlich die Iren ein Geheul anstimmen, wobei es sich um das Gebrüll trauriger Hochzeitsgäste handelte, und rannte um sein Leben. Der Sekretär des päpstlichen Gesandten pries die Austern, von denen er gerade tausend Stück für zwölfeinhalb Pence gekauft hatte, und kaufte außerdem einen Gaul für fünf Pfund, für den er in Italien, wie er dachte, wohl hundert Goldstücke gezahlt hätte.

Hundert Jahre später war William Makepeace Thackeray etwas verständiger und fand, daß sie bescheiden seien und große Leute liebten. Er beschrieb die Dubliner Kumpanei kleiner Würdenträger im Phoenixpark, der Phaynix genannt wurde. Thackeray gab nicht gerade übermäßig Trinkgelder, und dies trug ihm landauf, landab reichlich Vorwürfe von Hausburschen, Kellnern und Boten ein. Er sah und beschrieb die schmutzigen Gesichter hinter den schmutzigen Fenstern Dublins, Kinder auf all den zerbrochenen Treppenstufen, alte Männer, »schmutzige, schlampige Frauen« und Bettler mit Gesichtern wie von Hogarth gezeichnet. Er ging hinunter zum Gewandhaus und war so gescheit, zu sehen, daß es riesig, nutzlos, einsam und verfallen war und daß die Statue Georgs IV., die auf ein paar Hemdenballen zeigte, wirklich atrophisch war. Andere, wie Mrs. Arsenath Nicholson, eine Amerikanerin, die 1844 kam, um die Lebensbedingungen der Armen zu untersuchen, sahen ein reines, heiles Volk, verschwenderische Freundlichkeit und frohlokkende dunkelhaarige Schönheiten, die sich auf einer Straßenkreuzung sammelten, um zu den Klängen der Dudelsäcke zu tanzen.

Die Leute verlieben sich in Irland. Sie kommen dorthin und sind hingerissen, sehen die weißen Häuschen, die sich sozusagen an die Hügel schmiegen, die brütenden blauen Gebirge, den Dunst darüber, die Fuchsienhecken in Kerry, die bellenden Hunde, die bleichen Kalksteinsteppen in West Clare, ein so unerbittliches Schauspiel, als hätte man *Sturmhöhe* vom Papier in die Landschaft übertragen. Die Besucher reden und werden angesprochen, sie angeln, sie jagen, sie essen braunes Brot, tauchen in heilige Brunnen ein, küssen Wunschsteine, sind überwältigt, aber haben kein Bedürfnis zu bleiben. Es muß schon etwas geheimes Bedrohliches an einem Land sein, aus dem so viele Menschen weggehen, entfliehen, mehr als nur die schwere wirtschaftliche Not, die über eine Million Menschen auf Totenschiffen wegziehen ließ, als im Jahre 1847 der Mehltau die Kartoffelernte zerstörte, und seitdem in beträchtlicher Zahl weiterhin wegziehen läßt.

Einsamkeit, die Suche nach Abenteuer, die römisch-katholische Kirche oder die Familienbande, die enger sind als bei jedem anderen Volk dieser Erde? Die gemarterte irische Mutter und der rasende, übermütige irische Vater sind nicht irgendwelche Eigentümlichkeiten aus den Werken verteufelter Schriftsteller, sondern in Familien im ganzen Land an der Tagesordnung. Die Kinder erben eine Dreieinigkeit von Schuld (einen Shamrock [*den irischen Klee, an dem der heilige Patrick die*

31

göttliche Dreifaltigkeit erklärte]): die Schuld für das Leiden Christi und seine Kreuzigung, die Schuld für das geplünderte Land und die geheime Schuld für die vom unersättlichen Vater vielfach geschändete Mutter. Diese ganze Szenerie, all die unterschwelligen Spannungen sind zuviel. Es gibt auch eine Hoffnungslosigkeit, die durch eine Überfülle natürlicher Schönheit erzeugt werden kann, wenn nämlich ein kultureller und intellektueller Sumpf vorhanden ist. Die Frage ist nicht, wo all die Feen geblieben sind, sondern, wo jetzt all die Denker sind.

Iren mögen es nicht, wenn man ihnen widerspricht. Wieder und wieder reingefallen, haben sie eine Wut in sich, die einen unvermutet anfallen kann wie ein plötzlich vorspringender Dornenstrauch. Da gibt es jene, die die Vergangenheit nicht vergessen können, und jene, die sie nur gar zu gern vergessen und in einer der allgemein heiliggehaltenen Tiefkühltruhen begraben möchten. Maude Gonne McBride, eine Patriotin, deren Schönheit eine ständige Inspiration für W. B. Yeats war, sah das Herz Irlands mit kraftvollem Leben unsichtbar bevölkert, allerdings sah sie auch Dinge, die weniger spiritistisch veranlagte

Sterbliche nicht erfassen konnten. Das Land ist atemberaubend schön, aber es gibt auch unleugbare Traurigkeit, die Traurigkeit, abgeschnitten zu sein, die Traurigkeit eines verbissenen Materialismus, klappriger Leichtbauweise, sichtbarer Barbareien und einer kulturellen Schwindsucht, die bis ins Gehirn geht. Es gibt nur wenige neue Gedichte und Theaterstücke, und sie repräsentieren entweder leise Stimmen, die traurig über ihre eigene Entfremdung sind, oder es sind Werke von solcher Geschmacklosigkeit, daß sie symptomatisch für die Massenpsyche eines erdrosselten Volkes erscheinen. Keine großen Philosophen, keine großen Psychiater, keine Errungenschaften auf Gebieten, wo die Logik eine Rolle spielt – große literarische Begabung, gewiß, aber magere Angebote in den letzten dreißig, vierzig Jahren.

Das romantische Irland, mausetot, sagst du, während du dich zum Fünf-Uhr-Tee in Athlone niederläßt, eingedeckt mit Drop-Scones, Apfelkuchen und Maisbrot. Hier denkst du daran, daß der braune Bulle von Ulster den weißen Bullen von Connaught aufspießte und dessen Lenden am Wasser zurückließ und daß es seitdem Ath Luaine, Lendenfurt, heißt. Als er anderswo trank, hinterließ er die Leber seines Gegners, und an anderer Stelle dessen Schulterblätter und so weiter, die Gelenke und die Eingeweide verstreute er und gab somit jedem Ort den Namen des jeweils hinterlassenen Teils. Nachdem er den Boden aufgerissen hatte und starb, schloß Medb, die Kriegskönigin von Connaught, Frieden mit Ulster, und sieben Jahre lang wurde kein Ire getötet.

In Athlone gab es den üblichen Verkehrsstau, ein Plakat, das das Theaterfestival ankündigte, und daneben eins für eine Prüfung der Hirtenhunde. Die Kathedrale war dort, die Stadtmauern – und wie in jeder irischen Stadt geröstete Sandwiches vom Infrarotgrill. Man erfuhrr, daß ein Festival stattfinden würde, dessen Hauptattraktionen ein Schönheitswettbewerb, Balladenvorträge und verlängerte Ausschankzeiten wären. Du warst im Zentrum Irlands, nicht weit vom Kloster von Clonmacnoise, von dem du in der Schule gelesen hattest, daß es ein ruhiges, feuchtes Land sei, ein Land voller Röslein rot. Du fuhrst in die nächste Stadt – ähnliche Straßen, Menschenansammlungen, eine Uhr mit vier Zifferblättern, die unterschiedliche Zeiten anzeigten, ein Betrunkener mit einer Mundharmonika, der einen Gig spielte, ein

Lastwagen, der Propangaskartuschen lieferte, und ein Wachtmeister der Garda, der die Nummer eines geparkten Autos studierte, da in dieser Zeit des Terrorismus kein Ort sicher ist vor den Paketen im braunen Packpapier oder der Lumpenpuppenbombe.

»Sie fahren, wie sie ficken, einfach drauflos«, erzählt dir der Fahrer und bemerkt nicht seine eigene Inkonsequenz und auch nicht, daß sich die Geschwindigkeit mit dem Fluß seiner Gedanken ändert. Er erzählt dir noch etwas, und zwar, daß die Priester sich nun unter das Volk mischen und daß einer bei einer Hochzeit in Limerick »einen in der Klinke hatte« und jeden Mist machte, außer daß er die Braut bat, mit ihm ins Bett zu gehen. Dabei will er deine Miene sehen und gewährt dir das Privileg, ihm voll ins Gesicht zu blicken. Du zeigst auf das Lenkrad und starrst ganz offen in deine Zeitung.

Seine Hochwürden Dr. Lucey, der Bischof von Cork, fürchtet, daß die Gefahr einer Verschmutzung des Landes nicht so sehr von den Öltürmen von Bantry Bay droht, sondern daß die Bücher, Zeitungen und Filme, die in Irland kursieren, viel mehr dazu beitragen, die Gedanken der Menschen und ihre Seelen zu besudeln. Anderswo liest du, daß tatsächlich 2500 Gallonen Öl aus defekten Ventilen ins Meer ausgelaufen sind und ein Ratsherr des Ortes die Angelegenheit unter den Tisch kehrte, indem er sagte, daß es keinen großen Schaden angerichtet hätte und daß Gott auf ihrer Seite gestanden habe und wohl jemand gebetet haben müsse.

Der Fahrer schwatzt weiter. Wie er Wert darauf legt, sein Taxi für eine Hochzeit mit Schleifen zu schmücken, daß er auch im Secondhand-Kleidergeschäft drinsteckt und daher beurteilen kann, daß große Größen am gefragtesten sind, da die Frauen durch stärkehaltige Nahrung so dick seien. »Schönes, imposantes Gebäude«, sagt er, als ihr an etwas vorbeifahrt, was entweder eine Kaserne, eine Schule oder eine Besserungsanstalt ist. Zu allem und jedem heißt es »mein lieber Scholli« und gibt es nicht enden wollende Unterhaltung, und man fragt sich, was wohl der ungehörte Wunsch der Iren ist.

Wieder Regen, nasse Felder, nasse Wände, Regenbogen, die sich über den Himmel spannen, die ständig auftauchenden Kiesel- oder Ziegelsteinbungalows, die der Minister für Regionales als

Beitrag zur Vielgestaltigkeit der irischen Landschaft pries. Die Wolken und die Krähen über uns liegen miteinander im Hader. Ab und zu eine große weiße Gipsstatue mit einem Neonheiligenschein, ein Jesus, eine Maria oder die Jungfrau von Erinn (*die heilige Brigid, Patronin der Iren*), jenes makellose Geschöpf mit ausgestreckten Händen.

Vorbei an den rot-gelben Reihen von Teerfässern, die eine Baustelle markieren sollen, und schwachem Winken von einsamen Kindern, die ihre Schulmappen nach Hause schleppen. Überall Ferienunterkünfte in Bauernhäusern und Schilder über die Fischrechte. Vorbei an einer neuen Kapelle aus buntem Zement mit Farben, die so synthetisch sind wie Wackelpudding. Windräder und fürchterliche Keramikkacheln an einem neuen Café und dann häßliche Überraschungen, wie z. B. eine Rinderherde oder ein Traktor, der plötzlich auf die Hauptstraße hinauszuckelt, und der Fahrer beteuert, daß das der Teufel selbst war.

Die Reise soll nach Norden gehen, zum Sitz von Connor, König von Ulster, aber wird plötzlich unterbrochen, als einer der Mitreisenden von hinten »Rauch, Rauch« schreit. Der Fahrer rennt hinaus, ohne die Zündung abzuschalten, kommt zurückgerannt, um mitzuteilen, daß er den Rauch selbst schon gesehen habe, aber nichts habe sagen wollen, falls er ja vielleicht Gespenster sähe. Aus einer Werkstatt, eine Meile weiter, kommt nichts, außer einem Jugendlichen, der mit großzügiger Geste einen Eiertopf mit Wasser über den Motor gießt, wobei der Fahrer voraussagt, daß jetzt alles in Ordnung sei, daß er es schon packen würde. Ohne vorherige Absprache begeben sich daraufhin die Männer hinter den Schuppen, um sich zu erleichtern, und du selbst bleibst zurück und denkst an Connor, der in seinem Schädel den Kopf eines feindlichen Königs beherbergte und mit diesem zweiten Kopf in ihm, der ihm mit goldenem Faden eingenäht war, durchs Leben ging. Aber am Tag der Kreuzigung Christi, als er die ungewöhnliche Dunkelheit bemerkte, rief er seinen Druiden, um ihn zu fragen, was das für ein Omen sei, und der Druide Bacrach sagte, daß der Sohn Gottes gerade von den Juden gekreuzigt werde, woraufhin der König mit dem Kopf in seinem Kopf in ein unheiliges Zittern geriet, zu einem Wäldchen eilte und begann, es mit seinem Schwert zu behauen, um zu zeigen, wie er mit diesen Schuften von Juden umgehen würde. Und durch diesen Wutausbruch löste sich der Ball aus seinem Kopf, sein Gehirn schoß heraus, und er starb.

Und sah nicht der Dichter Edmund Spenser eine alte Amme, die bei der Hinrichtung Murrough O'Briens das Blut aus dessen Kopf trank, 1570, als Spenser 25 Jahre alt war? Und waren die Zweige des Dornenbusches nicht von einem merkwürdigen Rot gefleckt, als Nachahmung des kostbaren Blutes Christi, und die Fuchsie, die Deora Dia oder Tränen Christi genannt wurde.

Du bist Irin, sagst du leichthin, und hinter dir steht all das und zusätzlich das Geschwafel von den stolzen, singenden Schwänen (*aus dem irischen Märchen über »Die Kinder des Lir«*) und dem Röhren des Hirsches und obendrein noch die Neigung, von Melancholie und Trennung ertränkt zu werden.

Um dich herum, in einem protzigen Raum, ausgelegt mit ausfasernden Teppichstücken, gibt es kleine pinkelnde Welpen, einen Altar, der Unserer Lieben Frau gewidmet ist, mit künstlichen Rosen, die scharf wie Dornen sind, und sechs kleine Kinder – die Bewohner –, die sich im Fernsehen Shirley Temple ansehen.

Du bist hineingegangen, um um Hilfe zu bitten, und der Fahrer erzählt der Frau, was für ein Scheißtag das war und daß er hoffentlich keinen neuen Motor braucht. Die Kinder trinken Orangensaft, und der Vater, ein Jäger, sagt jedesmal »Entschuldige dich«, wenn ein Kind rülpst. In der Nachbarschaft ringsum ist kein Taxi zu bekommen. Jeder einzelne Fahrer besucht entweder gerade Verwandte im Hospital, ist in der Abendmesse oder »weggegangen und noch nicht wieder zurück«. Diese Information wird dir von der wohlmeinenden Frau vermittelt, während sie der Ehefrau oder Mutter oder Schwiegermutter, mit der sie gerade telefoniert, ihr Beileid ausspricht.

Plötzlich mußt du da raus. Ja, du wolltest wiederkommen, aber mit der Zeit spürst du, daß sie dir mit ihren Überzeugungen und ihren unverrückbaren Meinungen Fesseln anlegen werden. Du liest, daß die Landfrauenvereinigung sich dafür ausspricht, die Rute wieder einzuführen, und daß ein »toleranter« Mensch Ingmar Bergmanns *Persona* als Dreck und Schund ansieht. Man kratze nur mal an dem religiösen Feingefühl, und darunter findet man das kochende irische Herz. Was würde Yeats jetzt sagen? – wo seine literarische

Renaissance zu Asche geworden ist, aus der kein Phönix hervorlugt.

Du bist Irin, sagst du leichthin, und schon schreibt man dir Eigenschaften zu, wie wild, wollüstig, betrunken, abergläubisch, unzuverlässig, rückständig, kriecherisch und anfällig für Wutanfälle zu sein, wobei du weißt, daß in Wirklichkeit eine ganze Sippschaft von Geistern in deinem Innern logiert, Geister, mit denen die innere Zwiesprache so häufig, so irritierend, so widerspenstig ist wie mit irgendeinem der Lebenden. Seine Landsleute zu treffen heißt, ein ganzes Meer von unerwarteten Gefühlen freizulassen. Ich machte einmal einen Spaziergang durch London, und als ich an einem Bauplatz vorbeikam, verlangsamte ich den Schritt, um meine Augen gegen möglichen Staub abzuschirmen. Ein junger Mann aus Roscommon fragte: »Sind Sie glücklich?«

»Nicht sehr«, antwortete ich.

Er strahlte, als er mich als Landsmännin erkannte.

»Wie wär's mit Tee um vier?«

»Geht nicht«, sagte ich (ich mußte woandershin).

»Sie werden uns nicht vergessen, nicht wahr?« sagte er.

»Nein, das werde ich nicht«, sagte ich.

Dann dachte ich an einen anderen Mann aus Roscommon, eines Morgens in einem verlassenen Pub in Dublin, seiner eigenen Ansicht nach ein Verrückter, der seit Jahren mit zwei oder drei anderen Männern dort in den oberen Räumen wohnte, mit einzelnen Bettgestellen, Federn, die durch die Kissenhüllen stachen, und das Heilige Herz irgendwo oder auch woanders. »Lächle nicht so blöd«, sagte er zu meinem Sohn und wollte ihm eine kleben, weil er so leutselig war. Er sagte mit stechenden Augen, daß wir »Rotznasen« wären, aber daß er schon noch Subjekt, Prädikat und Objekt jedes Satzes erkennen könnte. Die Frau hinter der Theke trank Tee und nahm ein Aspirin und zitterte, obwohl sie in etliche Pullover gewikkelt war. Er trank Whiskey und spottete über uns, weil wir »wäßriges Zeug« tranken. Der andere Untermieter, der seit zehn oder fünfzehn Jahren dort wohnte, war mit den Nerven am Ende. An einem Fenster im ersten Stock war ein Kugeleinschuß und einige Schrammen von Glasscherben, genau da, wo ein Straßenräuber seinen Namen ins Fensterbrett eingeritzt hatte. Auch hier ein Tisch, an dem im Jahre 1800 Robert Emmet gesessen hatte und eine Revolution plante, die zu einer bloßen

Balgerei verkümmerte. Der Tisch war mit der Vergangenheit in die Ecke gestellt worden.

Dies ist das Land von Godot. Die kleine Klingel mit dem Schild »Nur für Hausangestellte« funktioniert nicht mehr, und die kalten Flure führen zu verschlossenen Räumen, deren Glastüren mit Kretonne bespannt wurden, um Neugierige abzuhalten. In der Fremdenverkehrssaison gibt es hier am Abend einen Klavierspieler und einen Geiger; dies und die großen Runden und die dornigen künstlichen Teerosen und die allgegenwärtigen Liebeslieder werden den Touristen präsentiert und nicht die kalten Zimmer oder die gekachelten Treppenabsätze oder der altmodische Abort mit Zeitungen über den ganzen Fußsockel, nicht die steinernen Wärmflaschen oder die Männer mit der Gürtelrose, und so sollte es auch sein. Aber wenn du Irin bist, sind dir beide Seiten vertraut, und beide sind dir nicht ganz geheuer. Nicht geheuer sind dir die Außenstehenden, die erwarten, daß sich ihre Vorstellung von dir bewahrheitet – eine übermütige, schlagfertige Krakeelerin –, und noch weniger geheuer sind dir die Einheimischen, die von dir oder irgend jemandem sonst erhoffen, aus ihrem Sumpf und ihrem Schlamassel herausgezogen und geradewegs im Triumphwagen in den Himmel hinaufgefahren zu werden. Du bist Irin, sagst du leichthin und gehst um vier durch die Straßen von London und denkst an Yeats, der so etwas vorhergesagt hat, und wie du so durch die Straßen gehst, macht es dir keine Mühe, den Wind, wie er die Gerste schüttelt, wieder heraufzubeschwören. Wenn die Sonne dort einmal hervorkommt, scheint sie mit außergewöhnlichem Strahlen zu funkeln, und dieser Umstand, zusammen mit den alten Geschichten von Gastfreundschaft, Feen, Pishrogen-Magie, Gänsen, die durch den Schornstein gezogen werden, um ihn zu säubern, Yarra und Begorrah (*typische Ausrufe, die literarischen Figuren zur Kennzeichnung irischer Herkunft in den Mund gelegt werden*), wurde zur Genüge von guten, schlechten und entsetzlichen Schriftstellern beschrieben. Das Handbuch sagt mit der Unverfrorenheit, in der Handbücher Meister sind: »Es gibt überall eine neue Blüte, und man kann ein optimistisches Gefühl in der Einstellung der Leute spüren.« Es berichtet weiter über Mode, Eleganz und Erbe und über Joyce, Yeats und Behan (lebende Dichter bekommen keinen Lorbeer), die Christenheit und die Nelsonsäule, die, wie es

44

heißt, dadurch, daß sie 1966 gesprengt wurde, »unter Beweis stellt, daß die hitzigen Emotionen der Iren noch nicht völlig abgestorben sind«. Es unterschlägt, daß der Steinkopf, in einen alten Sack verpackt, tief in den Kellern des Rathauses liegt und daß der Kopf seit der Nacht, in der er fiel, zuerst von Studenten benutzt wurde, um für einen Tanzabend zu werben, dann nach London geschmuggelt und von einem Antiquitätenhändler wieder zurückgebracht wurde, um ihn den Kunden, die sich in der Mittagspause ansammelten, zum Verkauf anzubieten. Ein Schriftsteller, dem dies einen Tag Grübelei wert gewesen wäre, war Myles Na Gopaleen, Weiser, Denker und verbales Heinzelmännchen, ein Mann, der in seinen Zeitungsartikeln an den einfachen Leuten Irlands kein gutes Haar ließ, sie als Rübenfresser betitelte. Ebenjener Mann widmete sich in seinen Romanen ihren mehr hinterwäldlerischen Charakterzügen und machte sie zu komischen Helden.

Aber die Schriftsteller und Dichter sprechen immer mit einem natürlicheren Gefühl für einen Ort, und wenn man die vielen Gesichter Irlands spüren möchte, kann man das z. B. in der Beschreibung eines Jagdtages bei Edith Oenone Somerville

(1861–1949) und Martin Ross (*Pseudonym für Violet Martin, [1865–1915], Cousine von E. Somerville und wie diese bekannt für ihre Beschreibungen des irischen Landlebens*) tun: wie sich da »Frost und Sonnenschein vereinten und einem wie eisgekühlter Champagner zu Kopf stiegen, und das Jagdrevier war nichts anderes als langgestrecktes, ungezäuntes Moorland und Sumpf«. Man kann die Regenschauer erleben, die Jagdhunde bei der Hatz, die Reiter, die Zuschauer in Kutschen oder auf Fahrrädern oder zu Fuß, die Wege, voll mit Steinen und Stechginsterbüschen, und die unüberwindlichen, eigenwilligen Grasböschungen. Man liest Frank O'Connors Beschreibung einer Tour durch Cavan – blaue Seen, kleine Hügel, durchgehend und wellig, verdrossen verkrüppeltes Land, was, wie er sagte, »etwas für einen technischen Zeichner und nicht für einen Maler ist«. Nicht überladenes Land, das in ihm ein Gefühl leichter Beschwingtheit weckte. J. M. Synge sagte, daß er jede Stunde, die er dort nicht verbringen konnte, bereute, genauso wie jede Nacht, die er in der Stadt wohnte. Elizabeth Bowen kannte die Landschaft und die Stimmung im Nordosten von Cork, als sie in der Erzählung *Sommernacht* schrieb:

Erlöst vom grellen Licht des Mittags, schienen die Heu-
haufen nun über den Stoppeln zu schweben: Ihre Frische
durchdrang die Luft. In nicht zu weiter Ferne lagen Hügel,
von Wäldern flankiert, in einem Licht wie in einer anderen
Welt – es würde ein himmlisches Vergnügen sein, dort oben
zu stehen, da, wo noch kein Fuß je gegangen zu sein schien,
in den Lücken zwischen den Wäldern, weich wie goldbe-
stäubter Puder. Vor diesen Hügeln sahen die brennend
roten Kutterrosen in den Gärten der Häuschen gleichsam
irdisch aus – sie waren dem Auge zu nahe. Die Straße war
in Irland.

In einem Land, das sich so leidenschaftlich dem
Verbot von Büchern hingibt, ist es erstaunlich und
vielleicht von Bedeutung, daß die Literatur immer
noch verehrt wird und jeder Pflüger dir Balladen
aufsagen kann über die »Belagerung von Limerick« oder die Leiden der Wildgänse oder jene
Soldaten, die vor der »Schlacht von Fontenoy« in
ihren Zelten ihr heimatliches Clare beschworen:

> *Wir träumen von dir die ganze Nacht,*
> *denken morgens, daß wir dort stehn,*
> *tapfer im Traum, beim Erwachen Narr'n –*
> *Clare werden wir nie mehr sehn.*

Das war meine Gegend. Ein paar Meilen von meinem Geburtsort lag der Sitz des alten Palastes von Brian Boru (*Hochkönig, der 1014 in der Schlacht von Clontarf die Wikinger besiegte*) – Kincora –, über den wir früher skandierten: »Oh, wo, Kincora, ist Brian der Große, und wo ist die Schönheit, die ehemals dein?« (*die Anfangszeilen von »Lamentation of MacLiag for Kincora« von James Clarence Mangan*). Die Straße dort war dunkel und geschützt durch einen dichten Tunnel von ineinandergreifenden Baumkronen. Es gab eine Häuserpassage, voll mit vom satten Regen grünen Flechten, die Bäume raschelten, das Laub raschelte, und ein Mann, der auf einem nahe gelegenen Anwesen wohnte, war ein Vogelkundler und bekannt dafür, daß er immer eine neue Feder an seinem karierten Hut trug. Auf dem benachbarten Anwesen lebten zwei Damen, die selbst einweckten und kelterten, und beide Festungen waren von großen Toren und verzierten Kalksteinpfeilern flankiert. Drinnen gab es die niedergekauerten kleinen Pförtnerhäuschen wie aus dem Märchenbuch, mit rautenförmigen Fensterscheibchen und ohne Unterlaß rauchenden Kaminen. Als wir einmal dorthin fuhren, auf einem jener lange versprochenen, nie mehr zu vergessenden Kinderausflüge, sagte man uns, wir sollten nach Kincora Ausschau halten, und da überkam mich plötzlich ein Schwindelgefühl, Sehen wurde unmöglich bei der ganzen Aufregung, der Geschwindigkeit des Autos, bei der Dunkelheit der Passage. Die Augen hatten keine Kraft mehr, scharf zu sehen, und ich verpaßte es. Der Wagen schlug den Weg nach Killaloe ein, wo wir uns eine Brücke ansehen wollten, auf der einmal vier einheimische Jungen erschossen wurden, und ein neues Hausboot, das einem Engländer gehörte. Ich dachte an das Gedicht, jene wunderschöne Wehklage, die den Ort feierte, und das Gedicht war lebendiger als die wirkliche Stätte, an der wir vorüberfuhren.

Ich bin MacLiag, und am See ist mein Zuhaus.
Dort, zum Palast, dessen Schönheit verflog,
kam oft Brian, mich einzuladen, und ich schlug's
ihm nicht aus.
O Schmerz! Daß ich lebe, und Brian ist tot!

(die letzte Strophe der »Lamentation ...«)

2

MEINE HEIMATSTADT

Geboren und aufgewachsen auf dem Lande, in einem Städtchen, das an andere Städtchen von ähnlicher Unbestimmtheit grenzte. Leidlich bebaubares Land. Auf einigen Feldern Ackerbau, auf den meisten Kartoffeln, die zweimal im Jahr gespritzt wurden, so daß ihre Blätter wie Pfauenfedern leuchteten, bis der Regen das Kupfersulfat wegwusch. Den ganzen Sommer über sah man aus jedem Fenster Sauerampfer und Kreuzkraut, wuchernd, hoch und in den Gräsern versinkend, einige alte Stücke verrosteter Landmaschinen und manchmal einen Fuchs, der flink zu einem Hühnerstall huschte. Es gab schöne, schläfrige Hühner, eine Sau und zum Schrecken aller einen alles beherrschenden Bullen auf einer Weide oder einem Hof, zu dem die widerstre-

benden braunen Kühe der Nachbarschaft gebracht wurden.

Ein Stier spielte selbst in der Mythologie eine
Rolle und war der Anlaß eines Krieges. Eines
Nachts saß die Königin Medb in ihrem Bett, und
wie sie so verglich, stellte sie fest, daß sie und ihr
Gatte zwar gleich viel Gefäße, Fingerringe, Span-
gen, Diademe, Herden, Schweine, Pferde und wan-
derndes Vieh hatten, daß er aber einen weißen
Stier besaß, der ursprünglich ihr gehört hatte. Das
ärgerte sie. Um es zu ändern, machte sie sich auf,
den braunen Stier von Cuailgne zu erwerben, und
nach einigen Gaunereien entwickelte sich daraus
ein Krieg, der so kostspielig, so blutig war und in
so viel Schmach, Schande und Trümmern endete,
daß Leute ihres eigenen Stammes zugeben mußten, daß sie dem »Bürzel einer irregeleiteten Frau
gefolgt waren«. Das Wort »Bürzel« jagte einem
Schauer der Scham über den Rücken.

Das Leben war inbrünstig, eingeengt und ver-
hängnisvoll. Die geistige Nahrung bestand aus
dem gekreuzigten Christus. Sein Leiden griff über
auf jeden Gedanken, jedes Wort, jede Tat, jede
Unterlassung, und manchmal, in den wilden
Phantasien der Kindheit, erschien es, als ob man

Ihn erblicke, auf einem Hügel, ausgestreckt an einem Kreuz, zwischen zwei Dieben und, am Fuße des Kreuzes bußfertig und weinend, Frauen. Seine Leiden waren uns durch das Leichentuch, in dem sein Körper lag, entschlüsselt worden. Man hatte uns beschrieben, wie Er nach der Geißelung ans Kreuz genagelt wurde, beide Füße von einem Nagel durchbohrt, die Knie nach außen gedrückt, Seine runzeligen Brustmuskeln und ein Schwall von Blut und Wasser, der Ihm aus dem Heiligen Herzen schoß, dem der verhängnisvolle Speerstich versetzt worden war. Und als ob das noch nicht genug gewesen wäre, erfuhr man außerdem, wie Ihm das Blut wegen der geflochtenen Dornenkrone kreuz und quer über die Stirn lief. Man liebte Ihn mehr als alles, was irgendwann Gestalt annehmen könnte, und Er liebte einen, und zuweilen sprach Er in eindringlichem Flüstern über die Wichtigkeit, gut zu sein. Gut zu sein bedeutete, rein zu sein, und dennoch enthielten die Gebete jene sinnliche Verzweiflung, die menschlicher Liebe zugeschrieben wird:

König der Jungfrauen, der du die Keuschheit und die Unschuld liebst, lösche aus in meinem Körper, durch den

Tau Deines himmlischen Segens, die Glut böser Begierde,
so daß mein Körper und meine Seele gleichermaßen rein
werden. Merze aus in meinen Gliedern die fleischlichen
Gelüste und alle schädlichen Gefühle, und gib mir wahre
und beständige Keuschheit mit Deinen anderen Gaben, die
Dich wahrlich erfreuen, so daß ich mit keuschem Leib und
reinem Herzen Dir zum Preis mein Opfer darbringen
kann. Denn mit welcher Zerknirschung im Herzen und
mit welcher Flut von Tränen, mit welcher Verehrung und
Ehrfurcht, mit welcher Keuschheit des Leibes und Reinheit
der Seele sollte denn dieses göttliche und himmlische Opfer
gefeiert werden, bei dem Dein Fleisch wirklich gegessen,
Dein Blut wirklich getrunken wird, bei dem das Niedrigste
und Höchste, das Irdische und Göttliche vereint sind, wo
die heiligen Engel zugegen sind und wo Du auf wunder-
bare, unfaßbare Weise sowohl Opfer als auch Priester bist.

Am Karfreitag küßte man das gewaltige, nach
vorne geneigte Kreuz, fühlte seine Schwere und
schaute auf den düsteren Altar, der aller Blumen
beraubt war. Man küßte die blasse Wange der
Mutter und dachte an Grießpudding, hin und
wieder küßte man verstohlen eine Freundin. Ein
Kuß war etwas Gefährliches, was unten im Hals
geboren wurde, sich wie eine Knospe oder Perle

formte, durch den Mund hochkam, um sich schließlich auf den Lippen zu verselbständigen, was aber noch das unbedeutendste daran war. Ein Gesicht hielt alle Gefühle fest, hielt zurück, was man für die anderen empfand, aber nicht sagte, verzog sich eher zur Grimasse oder streckte heimlich die Zunge raus, wenn einem ein Rücken zugewandt wurde. Das war eine Sünde wie fast alles, und es würde sicher eine Vergeltung geben, vielleicht würden sie dir die Zunge mit dem schwarzgeschliffenen Geflügelmesser herausschneiden, mit dem sie Maisbrot und Speck schnitten und mit dem am Samstagmorgen das Hähnchen geköpft wurde, rechtzeitig für das Sonntagsessen. Der Körper des Hähnchens zuckte gewöhnlich noch lange nach seinem Ableben und tanzte über die Steinstufen neben dem Abfluß, auf die er gewöhnlich zum Rupfen gelegt wurde. Sie waren furchtbare Leute, diese Erwachsenen mit ihren unergründlichen Launen, ihren unterschiedlichen Gesichtern. Manche mit Pausbacken, manche mit Hälsen, die faltig wie Truthahnkämme wackelten, und manche so unnachgiebig wie ein Eschenstock. Sie entsprachen keineswegs dem Bild, das anderswo von ihnen verbreitet wird und das sie voller Schlitzohrigkeit, Scharfzüngigkeit und Hang zum Fabulieren zeigt. Sie neigten zum Brüllen. Vielleicht mußten sie auf diese Weise mit den Elementen kämpfen, mit dem Wind zum Beispiel, der Bäume zum Umstürzen brachte und Schieferziegel vom Dach blies, große Rußböen oder Nester durch den Kamin fegte. Diese Dinge waren nachts deutlicher, diese bösen Vorzeichen. Dann vergrub man sich unter den Decken, um Zuflucht zu finden. Draußen auf der Weide muhten die Kühe, leisteten sich, einander zubrüllend, Gesellschaft – Urlaute ausstoßend, die so betäubend waren, wie wenn eine Mutter nach ihrem Kind schreit – und verbanden so eine Weide mit der anderen, eine Herde mit der anderen.

An zwei oder drei Tagen des Jahres geschah etwas Besonderes, und nicht viele vergingen ohne Regen oder die Nachricht von einer Beerdigung. Das Dreschen war ein »Ereignis«, und die Landpächter kamen mit ihren Eseln und Karren auf den Hof, um Stroh für die Beete, für die Tiere, für die Schweine zu bekommen, während die Säcke mit frisch gedroschenem Korn zugebunden und gestapelt wurden, um mit dem Lastwagen zur Mühle geschickt zu werden und das Geld einzubringen, von dem pausenlos geredet wurde. Die Arbeiter mußten am Tag drei gute Mahlzeiten erhalten, ohne Rücksicht auf die Güte der Ernte – oft war die Gerste vollgesogen vom Regen –, und darüber hinaus Imbisse, zum Beispiel Tee und einen Laib Brot. Die Leute halfen. Einmal schickte mein Vater zwei seiner Männer zu Meister Mick, um Heu zu machen. Als sie aber merkten, daß der Meister auf Sauftour war, hinterließen sie beim Schlachter und in der Kneipe eine solch horrende Rechnung, gönnten sich auch noch ein Mittagsschläfchen im Heuwagen und strotzten nur so vor Faulheit, daß Meister Mick meinte, während er vage in die Richtung des Lakeside Hotels deutete: »Es wäre billiger gewesen, sie dorthin zu schicken.«

Er war Meister im Armenhaus gewesen. Nach der Schließung wurde das Armenhaus an einen Zimmermann und Glaser vermietet, aber der frühere Meister mit seinem großen struppigen Hund und seinem Spazierstock wurde immer noch mit seinem früheren Titel angeredet.

Sie bewegen sich durch das Bewußtsein wie Fledermäuse im Sommer. Die Hauswirtschaftslehrerin, die dir einschärfte, mit der Gabel nicht an die

Zähne zu kommen, der deutsche Mechaniker, der kam, um beim Installieren der Elektrizitätsanlagen zu helfen, und der im Bus einmal dringend mußte und sagte: »Pay-pay«, so daß der Schaffner dachte, er wolle noch einmal zahlen, während er rausspringen und hinter den nächsten Graben wollte. Schließlich machte er sich verständlich, indem er seine verzweifelt verlangte Handlung gestisch darstellte.

Da war ein Schmied, natürlich mit schwarzverschmiertem Gesicht, der Akkordeon spielte und eine Fülle von Geschichten wußte. Wenn er sang, tat er es durch die Nase, den Stil eines amerikanischen Schnulzensängers nachahmend, und sein Lieblingsstück war das Lied »Ein Strauß Veilchen«, eine Ode über eine reiche Dame, deren reizende kleine Tochter, als sie ein zerlumptes Waisenkind erspähte, anhielt, um ihm einen Strauß hübscher Veilchen abzukaufen. Eins führte zum anderen, und der kleine Junge war schließlich zu dem Geständnis genötigt, daß alle von irgendwem liebgehabt wurden, jeder einen Vater, eine Mutter, eine Schwester oder auch einen Bruder hatte, aber in all der Zeit, solange er sich erinnerte, seit er ein Würmchen war, so klein, schien er der einzige zu sein, den niemand liebhat auf dieser Welt. Wie das Schicksal und das Gefühl es so wollten, war er der lang vermißte, verlassene uneheliche Sohn dieser Dame.

Der Schmied wurde auf der Straße in Limerick von dem Filmregisseur (Sean Aloysius) Ford während der Dreharbeiten zu *Der Sieger* angehalten. Ford klopfte ihm auf die Schulter und soll gesagt haben: »Sie sind genau der Mann, den ich suche.« Der Schmied zierte sich natürlich, sagte, daß er keine schauspielerischen Fähigkeiten habe, in allem eine Niete sei, außer dem Beschlagen von Pferden, und bei seiner Mutter lebte, die nicht glauben würde, daß so etwas passieren könnte, und man sagt, John Ford habe geantwortet: »Es sind die Augen, worauf's ankommt.« Der Schmied behauptete außerdem, Dorothy Paget in einem Restaurant gesehen zu haben, und schwor, daß sie ein ganzes Hähnchen aufgegessen habe, mit Knochen und allem.

Dann gab es eine total überspannte Frau, deren Vater den Union Jack gehißt hatte, als der englisch-irische Vertrag unterzeichnet wurde, und deren Kinder von Zeit zu Zeit durchdrehten. Es gab einen Verrückten, der in seiner Hütte lebte, sich niemals ohne sein Rasiermesser – Marke Halsabschneider – aus dem Haus bewegte, das er an jedem vorspringenden Stein oder Vorsprung wetzte, und sagte, daß er es nicht wüßte, aber er könnte ja einem Teufel begegnen, dessen Kehle er auf der Stelle durchschneiden müßte. Immer wieder im Hintergrund der Teufel selbst: schwarz und gehörnt, oft bei Nacht gesehen, noch öfter in der Dämmerung, und jährlich gab es auf der Bühne eine höchst bezaubernde Verkörperung von ihm, in der Person des Grafen Dracula von Transsylvanien, der das Blut von Jungfrauen aussaugte. Du träumtest davon, mit ihm zu gehen, stelltest dir das Zusammentreffen hinter der Bühne vor, wo er dich zuerst zurückweisen und dann dahinschmelzen lassen würde, nachdem du angeboten hättest, ihm den Koffer zu packen, sein Jungfrauendouble zu sein, an dem er das Blutsaugen proben könnte. Ja, Dracula würde mit dir weggehen, und du würdest den Heiligen in ihm wiedererwecken.

Wenn man auf einer Insel wohnt, wird einem klar, daß es schwieriger sein wird zu entfliehen und daß es eine neue Geburt, eine weitere Teilung der Wasser mit einschließen wird. Nichtsdestoweniger ein unruhiger Drang wegzugehen.

Selbst Reisen innerhalb des Landes waren schwierig, da die Verkehrsmittel das eigentliche Hindernis waren. Es gab zwei Fahrräder, von denen eines ein »Klepper« war, das heißt, daß immer irgend etwas mit den Reifen, den Speichen, den Pedalen, dem Lenker oder den Griffen selbst, die launisch und wackelig waren, nicht stimmte.

Im allgemeinen mußte man zu Fuß gehen. Es dauerte eine halbe Stunde, ins Dorf zu gelangen, und am Ostersonntag war diese Tour voll jener Freuden, die das Gegenteil einer Pilgerfahrt ausmachen, ein Fest nach all den Härten des Fastens und der Enthaltsamkeit. An den letzten Tagen der Fastenzeit erreichte das örtliche Leiden seinen Höhepunkt, es gab Andachten, Küssen des Kreuzes, weiteres Fasten, Nachtwachen in der Kirche mit violett verhängten Figuren und Tabernakeln, jegliche Fröhlichkeit ausgelöscht – selbst die Blumen und die Vasen wurden entfernt –, und fortwährende Runden der Kreuzwegstationen, deren protzige Darstellung Aufmerksamkeit erregte, etwa für Seinen Sturz, die Geißelung, die kleine Barmherzigkeit, die Veronika Ihm gewährte, als sie Ihm das Schweißtuch darreichte, die Klage Seiner betrübten Mutter, als Er ans Kreuz genagelt wurde, an dem Er starb. Aber am Samstag kam dann ein Gefühl der Erleichterung und des Frohlockens auf, aller Schmerz und die Demütigungen waren vorüber, wenigstens für ein Weilchen. Und wie es so war, hüpften die kleinen Lämmer auf den Wiesen, gab es Früchtekuchen mit Marzipanüberzug, gezuckerte Mandeln, das Weihwasser und eine Orgie von Bitter- und Milchschokolade nach sieben langen Wochen des Entzugs.

»O Gott, Dein Preis und Deine gemarterte Unschuld wurden durch diesen Tag verkündet, nicht durch das Wort, sondern durch den Tod: Töte in uns alle Bosheit und Sündhaftigkeit, so daß wir auch durch unser Leben Deinen Glauben verkünden mögen, den unsere Lippen bekennen.« So beteten wir.

Am Morgen des Ostersonntag weiteres Entzükken, bunte Kleider, himmlisches Essen, Zuversicht, gerade so, als ginge man nach Hause zu seiner eigenen Wiederauferstehung.

Eine alte Jungfer, von Rheumatismus geplagt, gab Klavierstunden und hatte einen kleinen rostigen Stab, um damit auf die Knöchel zu schlagen. Sie zog braune Eier weißen vor und kaufte immer zwei auf einmal. Sie lebte mit einer Schwester zusammen und später allein. Wie überstanden sie das nur – diese langen Jahre, von Mahlzeit zu Mahlzeit, von Sonntag zu Sonntag, ihr Leben so statisch wie die Aspidistren hier und da im Treppenhausfenster.

Krankenschwestern, die in Ärzte verliebt waren, und die neue Lehrerin, die in den Junggesellen vom Land verliebt war, ohne je bei ihm zu Hause gewesen zu sein. Er machte ihr den Hof in ihrem möblierten Zimmer, das heißt, er saß ihr gegenüber auf dem Klappstuhl (den sie mit Zigarettencoupons erworben hatte) und rauchte, bis es Zeit war, zu Abend zu essen, Karten zu spielen und nach Hause zu gehen. Sie überredete ihre Zimmerwirtin, ihm die entscheidenden Fragen zu stellen.

Wirtin: Wie viele Kamine gibt es in Ihrem Haus, Sean?

Sean: Warum wollen Sie das wissen?

Wirtin: Wir müssen wissen, wie viele Ofenschirme als Hochzeitsgeschenke erwünscht sind.

Sean: Ach wissen Sie, ein Stechginsterstrauch reicht doch!

Die Lehrerin starb jung im Hospital, das nach der heiligen Jude benannt war, der Schutzheiligen aller hoffnungslosen Fälle, und eine Stunde vor ihrem Tod hielt sie ihre Hände in die Höhe, enthüllte ihre dünnen Handgelenke und sagte: »Ich werde alles neu herrichten lassen, wenn ich hier rauskomme.« Man weiß heute von ihr, daß sie Spritzgußglasur, kleine Butterflöckchen und Karragheensoufflés in einer Bastion einführte, die stur Kartoffeln, Speck und Kohl frönte. Männer, die auf Brautschau waren, warteten am Straßenrand und gaben leise Signalpfiffe von sich. Das Liebeswerben war eine verzweifelte Angelegenheit, kümmerlich in Sumpf und Schlamm und der Verschwiegenheit feuchter Hecken durchgeführt. Und waren es nicht stumme Affären, abgesehen von den Körperlauten und abgesehen vom Grunzen?

Vergnügungen, die keine Sünde waren, waren Essen, Trinken, der Karneval, die Missionswoche und die Rennen. Bei den Rennen waren die »lawdidaws« mit Notizzetteln und Ferngläsern, die Buchmacher mit Tabellen und schwarzen Tafeln, »tick-tack-Männer« und Menschenhaufen, die sich umherschoben und gegenseitig fragten, ob sie auf den Sieger gesetzt hätten. In der Hauptsache wetteten die Männer, während die Frauen und Kinder sich zwischen den Ständen und Buden verliefen, in denen die Händler Brause, Orangen und Armbänder verkauften und wo Porzellanhunde zur Verlosung aufgestellt waren.

Nachts lebten die Vergnügungen auf, und der Ort wurde zum Mekka mit Lichterketten, blinkenden bunten Lämpchen und allen nur denkbaren Zerstreuungen, wie Autoscooter, in denen Leute sitzen und ihren Freunden und Feinden den Teufel aus dem Leib rammen konnten. Es gab auch Schiffschaukeln und eine Achterbahn voll kreischender Leute, die sich rundherum drehten, um einen Nervenkitzel zu haben. Du hörtest davon, hast es aber nicht gesehen. Dazu gab es niemals die Gelegenheit. Immer hieß es: »Nächstes Jahr«, aber im nächsten Jahr war immer noch kein Platz in der Mietdroschke frei. Man staunte, wenn man hörte, daß ein Mann Rasierklingen verschluckte, ohne seine Zunge oder seine Kehle zu verletzen. Insgeheim beschloß man, daß er ein unnatürliches Monstrum sein müsse und nicht so gebaut wie Mary, die ihre Armbanduhr verschluckt hatte und Rizinusöl nehmen mußte, um die »Zeit durchzubringen«.

Jene, die mit Ringen, Tellerdeckchen und Karnevalsglas handelten, waren Höker, die auf Zigeuner machten und in ihren Planwagen von Stadt zu Stadt hetzten, die Pferde peitschend, wenn diese langsamer wurden. Deine Mutter traute ihnen nicht, sie sagte, sie wären zu jeder Schandtat bereit, jedem Diebstahl, weiß Gott, wessen Feuerhaken oder Kohlenschütte unter ihren ausgeblichenen karierten Lumpen hervorlugte.

Dein Vater beschrieb, wie einmal in einem Herbst eine dieser lohfarbenen Damen zum Obstgarten ging, die Äpfel direkt vom Baum kaufte, eigenhändig pflückte, sie in Papier einwickelte und in bester Verfassung bis zum nächsten Rennen im Frühjahr verwahrte. Diese Äpfel, beteuerte er, waren die besten der Welt, lebendige rote Schalen, und sogar das Fleisch durchlief ein roter Streifen, wie gefärbt. Der Garten war heruntergekommen. Bäume erkrankten und kippten zur Seite, Brennnesseln kletterten zwischen den Müllhaufen, die sich in den Jahren angesammelt hatten. Der letzte alte Junggeselle schaffte es nicht, all das in Ordnung zu halten. Er würde bald sterben.

Dem Sterben ging oft eine Ankündigung des Todes oder etwas noch stärker Belastendes voraus. In der Nacht bevor der Pförtner starb, war ein Frosch aus der Asche hervorgesprungen, desgleichen als seine Frau starb, und lange davor bei seiner Tochter. Sie waren süchtig nach Wintergrün, Eukalyptusöl und geröstetem Brot. Die Eisenstäbe des Rostes brannten sich in die blasse Schnittfläche des warmen Laibes ein. Man begleitete seine Mutter, und es war, als ob man in ein fernes Land ginge, obwohl es nur hundert Yards waren – über den Rasen und durch den Torweg hinein zu dem kleinen Cottage wie aus dem Märchenbuch, mit seinen rankenden Rosen und dem Geruch von Lehm, weil die übervollen Blumenbeete an der weißgetünchten Mauer lagen. Man bekam geröstetes Brot und Kekse mit winzigen Löchern darin, durch die man die Marmelade hindurchtröpfeln lassen konnte, Marmelade oder, noch besser, Gelee.

Der Pförtner und seine Frau benutzten ein und dieselbe randlose Brille, die sie von einem Reisenden erhalten hatten, dem »Judenmann«, der zweimal im Jahr mit seinem Kasten voller Brillen und dem kleinen lederfarbenen, gezackten Poliertuch kam. Die Stadt Limerick und der Optiker waren zwanzig irische Meilen entfernt, und alles – wie Brillen, die geändert werden mußten, oder eine nasse Batterie, die aufgeladen werden sollte –

mußte mit dem Bus geschickt werden. Der hilfsbereite Schaffner verbrachte den ganzen Tag in der Stadt damit, jedermanns Aufträge zu erledigen. Mein Vater wartete unten in dem Pförtnerhäuschen, um seine eigene Hornbrille nach Limerick zur Reparatur zu schicken – er hatte sich auf sie gesetzt –, und als er den Bus kommen hörte, rannte er hinaus, aber ergriff versehentlich die Brille der Familie Wattle, mit dem Ergebnis, daß eine Woche lang keiner von ihnen mehr die Zeitung lesen konnte. Nach der Reparatur stellte sich heraus, daß die Gläser dick und fleckig waren und ihnen beiden blind machende Kopfschmerzen bereiteten. Eine gewisse Kühle entstand dadurch zwischen den beiden Familien.

Die Toten sahen anders aus, sie waren blasser, gleichgültig, all ihres Verdrusses und ihrer Erregung beraubt. Jung oder alt, die Gesichter hatten etwas von der milden Schönheit von Narzissen, aber sie rochen tot, und die Tränen wurden vergossen, weil sie tot waren, und die Tonpfeifen und die Rosenkranzgebete und die Fässer mit Porter, die verzehrt wurden (*all dies auf der irischen Totenwache, dem »wake«*), und die großen gläsernen Leichenwagen und die Kerzen und die Leinentücher, all das sollte auf das traurige Ereignis verweisen, das in alle Ewigkeit fortdauern würde.

Einen Toten gab es, der überhaupt nicht weiß war, sondern ganz rot und zerhackt, Stücke seines Fleisches zerstreut und sein bedauernswerter Körper in Maschinenteile verwickelt, weil er mit seinem Auto gegen einen Telegrafenmast gefahren war. Der Aufprall scheuchte die Leute aus ihren Häusern, jedermann fragte: »Was'n los, was'n los?«, bis jemand eine Laterne holte, und die Leute wußten nicht, womit sie da konfrontiert würden, und mein Vater meinte, er glaube, die sterbende Kreatur habe noch versucht, ein Bußgebet zu sagen, obwohl sie schon geköpft war. Er wurde irgendwie zusammengebündelt und begraben, und ein Hurling-Platz wurde nach ihm benannt, und zu Hause hing in einem Rahmen neben einem Andenken an ihn – einem Türgriff aus Chrom – ein Brief an eine Mutter, in dem der Tod ihres Sohnes beschrieben wurde, ähnlich blutig, aber vermutlich wohl der Wille Gottes. Ich weinte und fürchtete mich davor und versuchte am Ende, ihn zu ergründen:

So groß auch die Last Ihres Kummers ist, so glaube ich doch, daß Ihnen diese zu einem gewissen Grad erleichtert wird bei dem Gedanken, daß Ihr geliebter Sohn alle Dienste des heiligen Glaubens erhalten hat und somit einen sehr heiligen und glücklichen Tod gestorben ist. Einem dringenden Ruf folgend, erreichte ich das Flußufer ungefähr zwanzig Minuten nach dem verhängnisvollen Unfall. Er war noch bei vollem Bewußtsein und trotz seiner schockierenden Verletzungen äußerlich ruhig und beherrscht. Er legte die Beichte ab mit vollendeter Hingabe (wobei er gleichzeitig auf sein ganzes Leben zurückblickte) und wiederholte das Bußgebet und alle anderen Gebete mit einem Eifer und einer Tapferkeit, die ihn seinen Schmerz vergessen zu machen schienen. Gleichzeitig erhielt er die Letzte Ölung und den Letzten Segen, aber aus bestimmtem Grund nicht die heilige Kommunion. Ich war sehr besorgt, daß er dieses Privilegs entbehren sollte, und so besuchte ich ihn einige Stunden später, nachdem er ins Krankenhaus eingeliefert wurde, wieder. Ich führte ein weiteres langes Gespräch mit ihm über geistliche Dinge, fand ihn noch immer bei vollen Sinnen und konnte ihm jetzt zu meiner großen Freude die heilige Kommunion erteilen. Es war auch für ihn eine übergroße Freude, zu wissen, daß er schließlich seinen Herrn empfangen könnte. Ich stand ihm bei der Danksagung bei, und da ich wußte, daß er nur noch wenige Stunden zu leben hatte, fiel mir die traurige Pflicht zu, ihm das zu sagen. Dann fragte ich, ob er irgendwelche letzten Botschaften für seine Freunde hätte. Er sagte einfach: »Sagen Sie meiner Mutter, daß ich glücklich sterbe. Sagen Sie ihr, daß sie sich nicht sorgen, sondern für mich beten soll, sagen Sie ihr und meinem Vater Lebewohl, wir werden uns alle bald wiedersehen.« Dann verließ ich den armen Menschen endgültig und versprach ihm, ihn später am Abend noch einmal zu besuchen. Als ich wieder nach ihm fragte, stand er unter Einfluß von Morphium, so gab ich ihm noch einmal den Letzten Segen und ging – ich muß sagen, mit sehr schwerem Herzen und tiefem Widerwillen in meinem Inneren gegen die verderbten Hirne der Menschen, die Todesfallen in der Form von Bomben erfinden, um die Schönheit von Gottes Meisterwerken, mutige Menschen, zu verstümmeln und zu verderben. Ich darf Ihnen abschließend sagen, daß von den Ärzten, Schwestern und der National Army alles Menschenmögliche getan wurde und daß ihm sein Tod so leicht und friedlich gemacht wurde, wie es unter diesen traurigen Umständen möglich war. Geistlichkeit und Laienvertreter der Stadt zeigten ihr Mitgefühl mit ihm und seinem lieben Gefährten in unmißverständlicher Weise. Doch weiß ich, daß all diese Dinge die Schmerzen eines gebrochenen Mutterherzens nicht enden können. Denken Sie nur an die andere Mutter, die

ebenfalls auf den verstümmelten Körper ihres lieben Sohnes
sah. Möge sie, die Mutter der Schmerzen, Sie in Ihrem
großen Kummer trösten. Das ist mein aufrichtiges Gebet.

Ihr Vater soundso

P S: Ich habe Ihnen in dieser eiligen Notiz über die letzten
Minuten Ihres lieben Jungen nicht mitgeteilt, daß, als man
ihn seiner Uniform entledigt hatte, die Nachtschwester
einige Geldscheine fand und sich fragte, was sie damit tun
sollte. Er sagte einfach: »Lassen Sie für uns beide Messen
lesen«, wobei er sich und seinen Kameraden Lieutenant
Flynn meinte. Trotz des Morphiumeinflusses – armer
Kerl – blieb er bis zum Ende bei Bewußtsein, wiederholte
das Bußgebet und sprach den heiligen Namen, kurz bevor
er verschied. All diese Dinge berücksichtigend, werden Sie
es ermessen können, welch einen wunderschönen Tod Ihr
Junge hatte. Er ist mit Sicherheit bei Gott. So gut, wie er
war, und wenn er auch das Idol Ihres Herzens war, so ist er
nicht sehr weit von Gott.

Die acht Protestanten in der Nachbarschaft konnten es zu dieser Erfüllung niemals bringen, genausowenig wie der schwarze Doktor oder der reisende Judenmann. Ja, der schwarze Doktor brachte
sich sogar selbst ins Gefängnis, nachdem ein Far-
mer gestorben war, dessen Zähne er mit einer

Kneifzange gezogen hatte, und die Zeitungen schrieben: ARZT HINTER GITTER FÜR EINEN ZAHN AUS DEM MUND VON MULLIGAN. Der Judenmann kam in die Notaufnahme, wo eine Urinprobe von ihm verlangt wurde, die er verweigerte, und sagte, daß er sie in der nächsten Woche bringen würde. Das Geschäft vollzog sich, und er mußte eine weitere Woche auf die Ergebnisse warten, und nachdem er die frohe Botschaft gehört hatte, telefonierte er mit seiner Frau, die eine politische Agitatorin in Belfast war, und sagte: »Du bist gesund, ich bin gesund, und der kleine Noah ist auch gesund.« Um etwas für sein Geld zu bekommen, hatte er den Urin gemischt. Geschichten über Urin waren die deftigsten, besonders die über den Pfarrer, der sich, da er den Verdacht hatte, daß seine Haushälterin sich heimlich von seinem Sherry bediente, entschloß, den Sherry mit Urin zu verdünnen, und als Wochen danach der Pegel in der Karaffe immer noch ständig abnahm, stellte er sie zur Rede, und sie sagte: »O Vater, ich habe täglich einen Schuß in Eure Suppe getan.«

Nichts blieb unbekannt oder unbeurteilt. Meister Mick hatte seiner Haushälterin gesagt, daß sie nichts, nicht einmal eine Tasse Tee, jemals ohne

Tablett servieren sollte. Eines Tages, als sie gebeten wurde, den Gästen die Kätzchen zu zeigen, brachte sie die sechs Kätzchen auf einem Silbertablett. Das Mädchen vom Land, das zum ersten Mal ein Telefon benutzte, dachte, daß wie bei einem Telegramm Kürze lebenswichtig sei, und sagte zu ihrem Bruder in London, indem sie das schauerliche Gerät benutzte: »Komm schnell, Jim krank, Babbie.« Seitdem wurde sie nicht mehr bei ihrem richtigen Namen genannt, sondern ›Jim-krank-Babbie‹.

Der Jude wurde wie die Zigeuner und die Hausierer gemieden, die alle einen unausgesprochenen Vorwurf auf sich zogen, der auf rätselhafte Weise mit Sex zu tun hatte, damit, daß sie gelbliche Haut und bebende Nasenflügel hatten. Pelzhändler waren Juden, Juweliere waren Juden, und sie scheuten sich nicht, die kostbaren Juwelen aus deiner Uhr oder die besten Pelzstücke zu nehmen, um sie gegen gefälschte auszutauschen. Es hatte in Limerick vor einem halben Jahrhundert ein Pogrom gegeben, und ein Redemptoristenpfarrer hatte zu den Gläubigen gesagt, sie sollten die Geldverleiher steinigen, was sie dann auch taten.

Limerick war eine vorbildliche Stadt. Jedermann organisierte sich in Vereinen. Die Mönche in ihren grauen Kutten und Sandalen zogen durch die Stadt, körperliche Werke der Barmherzigkeit vollbringend. An der Seitentür des Mönchsklosters war stets ein Gewimmel von Leuten, manche waren gekommen, um Brot und Suppe zu erbetteln, andere, um ihre Opfergaben abzugeben, damit eine Messe für ihre Dahingeschiedenen gelesen würde. Mit zehn oder elf Jahren, als du dort zu Besuch warst, saßest du mit gekreuzten Beinen in der Kirche und wurdest von einer wutentbrannten Frau aufgefordert, sie bitte sofort nebeneinander zu stellen. »Wußtest du nicht«, sagte sie, »daß Unsere Liebe Frau jedesmal errötet, wenn eine Frau so etwas Unanständiges tut.«

LIMERICK:
Stadt der Kirchen und schönen Türme,
Stadt der Schenken und niedern Begierden,
Stadt der Gerüchte und Anekdötchen,
Stadt der Jugend, die vergeht, wie sie kommt,
Stadt der Geselligkeit, der Snobs Zuhaus.
Zeig erst dein Geld, dann gib Runden aus.
Nimm noch 'nen Kaffee, nimm noch 'n Brötchen,
mach's wie die andern; erlaubt ist, was frommt.

In der Schule wurde uns erzählt, daß 1690 während der Belagerung Limericks die siebzehn Tore geschlossen wurden und sich die Einwohner mit Stöcken und Steinen verteidigten, während die Frauen kochenden Brei über die Köpfe der englischen Soldaten kippten. Und wie dann die Grenadiere mit ihren Granaten vorwärtsstürmten, die Iren ihnen aber mit Schrotsalven antworteten, die so schnell wie möglich abgefeuert wurden. Als die Tore nachts geschlossen wurden, waren fünfhundert Engländer gefallen und weitere tausend verwundet! Am nächsten Tag richtete König Wilhelm seine vierzig Geschütze auf die unzulänglichen Befestigungen. Heiße Feuerbälle wurden in die blutenden Straßen geschleudert, Menschen brachen zusammen, Pferde brachen zusammen, während die Zivilisten sich abmühten, die Flammen zu löschen. Nach siebzehn Tagen solcher Attacken wurde eine Mauer überbrückt, und die Grenadiere in ihrem gescheckten Gelb-Rot, mit pelzbesetzten Kopfbedeckungen und klingelnden Glöckchen an ihren Gürteln, kamen mit Handgranaten herein. Wie auch immer, sie erlitten sofort eine Schlappe, und über dem ganzen sanften und müßigen, vom Shannon bewässerten Land lag das Krachen von Musketen, Explosionen und dicke Rauchschwaden.

Der Mut wuchs wieder. Jene, die anfangs nur Zuschauer gewesen waren, Zivilisten, die von rohen Bohnen und Hafer lebten, stiegen in die Kämpfe ein und gaben den erschöpften Iren neuen Kampfgeist. Die Engländer wurden Zoll um Zoll zurückgetrieben, schließlich in Schimpf und Schande zurück bis zu ihrem eigenen Lager.

Der Regen kam – der sanfte treue Regen Irlands –, der die blutbespritzten Straßen rein wusch und die Wilhelminer behinderte, indem er ihren Lagerplatz in einen Sumpf verwandelte. Das Wasser des Shannon stieg, die englischen Soldaten stakten bis zu den Knien im Schlamm, und die Ruhr grassierte.

König Wilhelm floh, und alle Prophezeiungen liefen auf einen irischen Sieg hinaus. Doch dazu kam es nicht. Patrick Sarsfield, der Anführer, wurde durch die Eifersucht seines Kameraden Tyrconnell im Stich gelassen, der nach Frankreich segelte und die französischen Truppen und den besten Teil der Artillerie mitnahm. Zwietracht brach aus. Die Soldaten und die Zivilisten gerieten sich in die Haare, und im Jahr darauf, nach einer sechswöchigen Belagerung mit entsetzlichen Entbehrungen und entsetzlicher Beschießung, kapitulierte Sarsfield und drängte auf einen Friedensvertrag.

Die Iren waren so oft kurz vor dem Sieg, aber jedesmal wendete sich das Schicksal – ein neuer Feind, Pfuscherei, Müdigkeit oder Verrat von innen –, das Blatt gegen sie. Das wurde uns im Klassenzimmer Tag für Tag, Jahr für Jahr erzählt, und so entwickelten wir unterbewußt unsere Vorstellung vom Schicksal und all seinen Wandlungen.

3

DAS KLASSENZIMMER

Die Fenster des Klassenzimmers waren hoch, mit kleinen Scheiben, die selten geputzt wurden. Der unerreichbare Griff war abgebrochen, so daß man das Fenster mit einem Schieber aufdrücken und mit einer Kanne oder einem Schrubber oder was immer gerade zur Hand war offenhalten mußte. An manchen Tagen war das unmöglich, und der Raum wurde heiß und stickig. Ein langer Raum. Als erstes wurde morgens vor dem Fegen eine Tasse Wasser auf den Boden gesprengt. Dann die geballte Ladung Informationen. Hier war es, wo man Geschichte verschlang, hier war es, wo der Rest des Landes lebendig wurde, einfach durch das Anschauen der zerfetzten grauen Stoffland-karte mit den kleinen roten Punkten, die die Hauptstädte zeigten, und den Zickzacklinien, die den Verlauf eines Flusses darstellten. Hier hörte man vom Giant's Causeway, dem Übergang der Riesen, und aus einem kleinen braunen Buch erfuhr man auf irisch und auf englisch die Namen der umliegenden Gegenden. Namen, die ihnen auf Grund ihrer besonderen Eigenschaften gegeben worden waren:

Der Hang, an dem weiße Rüben wachsen
Der Hügel, der von Efeu überwuchert ist
Der Buckel
Die Mauswiese
Die weiße Insel
Die liebliche Insel
Die Insel des Sauerampfer
Der mit weißen Dornbüschen bedeckte Hügel
Der Ratshügel
Der Hügel mit dem kleinen Abhang
Das Schnepfenwäldchen
Das Wäldchen der O'Briens
Die alte Festung
Das Mönchsland
Das vogellose Gebiet
Die Brüste der Dana

Das Pulver, um Tinte herzustellen, kam aus der Stadt, und die große Ballonflasche, um sie aufzubewahren, hatte kleine Luftblasen im Inneren des grünen Glases. Tinte zu mischen war ein gefährliches Unternehmen, und auf dem ganzen Boden gab es verschüttetes Zeug in seltsamen Flecken, die bei verschiedenen Gelegenheiten entstanden, aber nun für immer dort waren. Es waren Löcher im Boden, wo die Mäuse hineinrannten, und manche Mädchen behaupteten, Ratten gesehen zu haben. Um das große wichtige Wörterbuch aus der Presse zu nehmen, bedurfte es der Kraft von zwei Mädchen. Jeder Buchstabe war am Rand in der Form eines Daumens schwarz angezeigt, so daß man ein Wort im Nu nachschlagen konnte. Wir lernten, daß »mürbe« eigentlich sanft und zart heißt und daß »Furcht das Herz mürbe macht und empfänglich für die Einwirkung der Gnade«. Ebenso, daß »Embien« nicht mit den Stechmücken verwandt waren, wohl aber in großer Anzahl an Sommerabenden über dem Wasser kreisten und teils von anderen Insekten, teils von Blumennektar lebten. Jedermann kratzte sich, als wir das hörten. Manchmal wurde man plötzlich nach der Bedeutung eines Wortes, eines schwierigen Wortes, gefragt, und man erfüllte – wie die Lehrerin sagte – niemals die Erwartungen, man versagte, traf daneben, machte Fehler, enttäuschte. Dann deutete sie auf das in Leder gebundene Wörterbuch, sagte: »Futter, Futter« und zitierte ohne ersichtlichen Grund, aber voller Überzeugung:

Im Wortschatz der Jugend, beseelt vom Glauben
an ein strahlendes Leben,
gibt es das Wort »Versagen« nicht.

Dann kam eine Dame, um donnerstags Tanzunterricht zu geben, sie versuchte, uns in das Geheimnis der Gigs und Reels einzuweihen. Da es keine musikalische Begleitung gab, sollten wir alle summen. Schöne feste Waden, dunkle Strümpfe und Schuhe mit einem wunderschönen Riemen am Spann. Das Summen war immer verschieden. Manche Mädchen sagten auf: »Eins-zwei-drei-vier-fünf-sechs-sieben, wo sind die lieben Kinder geblieben? Wenn sie sterben, werden die Sünden vergeben, eins-zwei-drei-vier-fünf-sechs-sieben.« Eine Stunde kostete einen Penny. Einige Mädchen nahmen Stunden, während die anderen an ihren Tischen saßen und vorgaben zu lernen, noch einmal alles über die Schlacht von Kinsale zu lesen oder die Beschreibung von Thoreau über einen frischen Morgen in New England. Wir konnten uns das nicht leisten, so daß ich einerseits erfreut – wenn auch andererseits beschämt – war, daneben zu sitzen und nicht teilhaben zu können, und im Innersten meines Herzens war ich unendlich dankbar, da, wie ich glaubte, Tanzen den Körper durcheinanderbrachte und im Extremfall alles Blut und alle Eingeweide aus einem heraustreiben könnte. Die Tanzlehrerin war verliebt, und das konnte vieles bedeuten. Liebe war wie ein Balsam für alles. Liebe konnte Wunder wirken.

Die Lehrerin, die meist überspannt wirkte, warf von Zeit zu Zeit mit Utensilien um sich – Stiften, Bleistiften, Griffeldosen, Zeichendreiecken, Dekkeln, Büchern und auch mit einer Sprache, die ein Kompott aus Irisch, Englisch, Latein und Schmähungen war. Dann, am nächsten Tag oder dem übernächsten, sühnte sie, indem sie uns lesen und die Kleinsten das neu Plastilin kneten ließ, so daß es streifig und bunt wurde, und sie brachte Toffees oder die Reste von Zuckerkuchen, den sie auf einem Kuchenteller herumreichte. Das verursachte natürlich eine neue Sorge, da man nie wußte, ob der Teller einen wohl erreichen würde oder gerade das Mädchen vor einem, so daß man schon fast den Zuckerguß schmecken und die Krumen auf ihren Lippen sehen konnte. Einmal bereitete sich die Lehrerin auf dem offenen Feuer ein kleines Omelett mit Marmelade und gab die Hälfte davon einem Mädchen, das auf dem Weg zur Toilette war. Rauhes Holz. Eimer. Schlechte hygienische Zustände. Das sagte der Impfarzt damals, als er mit seiner Assistentin kam. Ihre Aufgabe war es, Jodtupfer auf den angegebenen Punkt zu geben und den zuckenden Arm zu halten, bis der Arzt zustach, spritzte und »die nächste« sagte. Die Krankenschwester ging zu den Toiletten und blieb eine Ewigkeit dort, und anschließend waren die Böden – alle drei gekachelten Böden – und der dunkle Haupteingang voller Blut. Ein wahrer Blutstrom. Wie geschah das? Was war da bloß passiert?

Am Abend fuhren der Arzt und seine Begleitung – inzwischen etwas blasser – zurück in die Hauptstadt, deren Straßen so schmal waren, daß man sagte, die Leute in den oberen Fenstern könnten sich die Hände reichen – die Hauptstadt, die dafür berühmt war, daß sie die Gegenwart und, nicht zu vergessen, die Redekünste des lebhaften Daniel O'Connell und des gestrengen Eamon De Valera erlebt hatte.

Wenn es regnete und der Hof zu naß zum Spielen war, kauerten wir uns in der Vorhalle zusammen – vierzig oder fünfzig Mädchen – wie Hühner, nur daß wir schnatterten, aneinandergedrängt neben dem rauchenden Torf. Torf kann einem zu Kopf steigen, kann die Gedanken braun, durchweicht und flockig wie das Zeug selbst machen. Dort aßen wir auch unseren Lunch. Jedermanns Pausenbrot war ziemlich dasselbe – dicke Scheiben Brot mit Butter, auf manchen gestreuter Zucker und eine kleine Flasche Wasser oder Milch. Unsere Mäntel hingen übereinander an Haken, kurz vorm Herunterfallen, außerdem Pudelmützen in mannigfaltiger Reihenfolge, Schals und Wollhandschuhe, an denen gekaut und abermals gekaut wurde und die alles andere als unbenutzt waren.

Dein bester Pullover war ein prämiiertes Muster, kleine bunte Karos, zickzackförmig, eine allgemeine Attraktion. Du wurdest von der Lehrerin bei einer wichtigen Gelegenheit gerufen, damit irgend jemand ihn sich anschauen konnte. Wer eigentlich? Das hast du vergessen. Alles vergessen, außer den wunderschönen Farbwellen und dem Reißverschluß mit der gesprenkelten Troddel am Ende und den gerippten Bündchen aus Marinewolle, die zweimal umgeschlagen wurden, damit man hineinwachsen konnte. Du trugst ihn sonntags, an Feiertagen und an den Tagen, an denen Inspekteure von der Schulbehörde kamen. Du erzähltest dem Katechismus-Inspekteur, daß Christus nach dem Wunder mit dem Brot und den Fischen, als sich alle nach Herzenslust satt gegessen hatten, darum bat, die Reste aufzusammeln, was bewies, daß Er keine Verschwendung duldete. Die Fische waren in deiner Vorstellung fleischfarben und mittelgroß, wie eine Scholle, und das Brot war weiß wie Kommunionbrot, nur mächtiger und schwammiger. Der Ort, an dem das Wunder geschah, war grün und bewaldet, keineswegs das karge sandige Land, das du später sehen solltest. Wenn dann der Inspekteur gegangen war, wurden alle erst mal abgekanzelt, wurde euch gesagt, daß ihr mit eurem Grips nur das Land fegen könntet, außer ihr würdet euch schon vorher entschließen, Rindviecher zu werden. Die einzigen Mädchen, die nicht abgekanzelt wurden, waren diejenigen, die immerzu schwer von Begriff waren und von denen nichts über das Übliche hinaus erwartet wurde. An einem solchen Tag liefen sie mit stolzgeschwellter Brust herum, und etwas fast wie ein Kompliment kam auf sie zu, wegen ihres netten Äußeren oder weil sie wußten, wann man eine Tür schließen oder ein Stück Torf aufs Feuer legen mußte.

Es war alles so unberechenbar. Die Lehrerin konnte aufbrausen, Anfälle bekommen, einigen Mädchen die Knie tätscheln, andere Mädchen bevorzugen, dann geheimnisvollerweise ihre Meinung ändern und jene loben, die sie zuvor heruntergeputzt hatte. Aber wenn der Lehrer der Jungen einen Wutanfall bekam, war es für alle wie in einem Tollhaus. Er brüllte und schrie, und jeder Junge, der nahe genug war, lief Gefahr, daß ihm das Hirn aus dem Kopf geblasen wurde. Man konnte ihn eine Meile weit hören, wenn er den unglücklichen Jungen, der gerade seine Zielscheibe war, anbrüllte. Es war eine ständige Bedrohung, als ob man am Fuße des Vesuvs lebte. Seine Frau betete. Sprach fortwährend Stoßgebete und erzählte den Frauen auf dem Heimweg nach der Messe, daß er es im Leben eigentlich zu was Größerem hätte bringen wollen. Er löste Kreuzworträtsel, hielt nervöse Windhunde, und das Ergebnis davon waren die Beißspuren von bellenden unzufriedenen Hunden im Holz des weitläufigen Hauses.

Montagmorgende waren besonders angespannt – die Aufsätze wurden abgegeben oder auch nicht abgegeben, Lügen wurden erzählt, daß die Mutter oder der Vater krank geworden sei und wie das Feuer nicht angehen wollte und zwei Tage lang nicht gebrannt hätte. Die Aufsätze waren gewöhnlich über »Einen Tag im Leben eines Penny« oder »Einen Tag im Leben eines Königs« oder »Einen Tag im Leben einer Biene«, und wir mußten Übungen machen, während sie sich hinsetzte, um sie zu korrigieren, wobei sie hämisch über die Unbeholfenheit unserer Gedanken und Ideen lachte. Mit einem Lineal als Zeigestock mußte ein Mädchen dem Verlauf eines Flusses folgen, meistens dem des Shannon, mit seinem wichtigsten Nebenfluß, dem Suck. Und aus den Augenwinkeln stellten wir uns vor, wie sich aus den Mauselöchern die Mäuseschwänze kringelten, oder schauten auf die Marmeladengläser voll Flieder, den eines der Mädchen vom Lande mitgebracht hatte und der auf der Fensterbank verwelkt war, so daß die Blütenblätter wie Schimmelstückchen herumlagen und das Wasser im Glas stank.

Aber eine gänzlich andere Welt war übermächtig – eine Welt der Waffen, Federbüsche und Speere. Lughaich Laeighseach, Sohn des Laeigh, Sohn des berühmten Conall Cearnach, Häuptling der Ritter des Roten Zweiges von Ulster, heimtükkisch von einem Stamm erschlagen, was später brutal gerächt wurde. Oder ein Gedicht über Owen Roe O'Neill, »Ihm gaben sie Gift, dem mit Stahl zu begegnen sie fürchteten«, oder eine Beschreibung, wie der Leichnam Shane O'Neills bei Carrickfergus ausgegraben und der Kopf abgeschlagen und nach Dublin geschickt wurde, wo man ihn auf den Zinnen der Burg ausstellte. Shane O'Neill war ein harter Mann, denn als man ihm sagte, daß sein einziger Sohn ermordet worden sei, hatte er geantwortet, er habe viele Söhne. Diese täglichen Injektionen von Geschichte, so direkt, so herzzerreißend und so fesselnd, daß es möglich war, sich Sarsfield, Shane O'Neill und den kühnen Robert Emmet und Sarah Curran, seine Geliebte, als Figuren vorzustellen, die plötzlich aus den Seiten heraus in das Zimmer treten könnten. Alle hatten sich für die Sache geopfert, und jeder war gescheitert – einer ging in ein schmachvolles Exil, der andere fand seinen Kopf auf den Burgzinnen, der dritte wurde in den Liberties hingerichtet und hielt von der Anklagebank eine Rede, die uns das Herz umdrehte: wie auch unter einer unnatürlichen Schreckensherrschaft sich sein Blut nicht in den Adern stauen würde und daß, sei jetzt auch der Docht seines Lebens bald erloschen, er zum Sterben bereit sei, und wie er nur um den einzigen Dienst bat, Stillschweigen um ihn zu bewahren bis zu jenem Tag, da sein Land frei und nicht mehr England angegliedert sein würde *(gemeint sind die berühmten »Last Words« Robert Emmets)*.

Die schöne Sarah Curran ging ins Ausland, heiratete und starb natürlich an gebrochenem Herzen. Auch auf Theobald Woolfe Tones Ehre lastete der Fluch der Niederlage. Im Jahre 1796 ging er mit hundert Guineen in der Tasche nach Paris, um eine große Streitmacht anzuwerben, die helfen sollte, die britische Regierung in Irland zu stürzen. Die Expedition der Bantry Bay war das Ergebnis, und Tone segelte mit einer Armee von fünfzehntausend Mann unter dem Befehl der Generäle

Hoche und Grouchy zurück nach Irland. Sein Bericht über diese Reise war wie der Brief eines Sohnes an uns alle.

Der Wind ist noch stark und wie gewöhnlich direkt vor uns. Ich fürchte eine Heimsuchung der Engländer und bin insgesamt in einer großen Unruhe. Oh, wenn wir nur erst gelandet wären, mag danach geschehen, was wolle. Ich bin bis in die Tiefen der Seele krank von dieser Anspannung ... Hier sind wir, sechzehn Segel, große und kleine, überall in einer noblen Bucht verteilt und so zerstreut, daß die Feinde nun so nah sind, daß, wenn es heute nacht so stürmt wie in der letzten Nacht, sie unvermeidlich ineinanderkrachen werden, es sei denn, einer von ihnen zöge es vor, die Küste entlangzufahren.

Dann das bittere letzte Kapitel – drei Schiffe gesunken, die übrigen voneinander getrennt, eine Meinungsverschiedenheit mit Grouchy und solche Stürme, daß Tone fürchten mußte, es sei sein Schicksal, aufzugeben und nach Frankreich zurückzukehren. Zwei Jahre später führte er eine andere Flotte an, die von den Briten geschlagen, erobert und aufgebracht und in den Lough Swilly geführt wurde. Tone wurde gefangengenommen.

Als der Galgen vor seinem Fenster aufgerichtet wurde, schnitt er sich mit einem Taschenmesser die Kehle durch, aber er starb nicht sofort und sagte zu dem Arzt, es sei ein Jammer, daß er so schlecht in Anatomie gewesen sei.

Man brauchte nur aus dem hohen Fenster zu schauen, um die Masten, die Takelage, die Rippen, die Ruder und die Segel über den mit Glasscherben gespickten Mauern auftauchen zu sehen. Das Meer war vierzig Meilen entfernt und wurde, wie man uns erzählte, auf der einen Seite von glänzenden, schier gigantischen Klippen zurückgehalten, von wo ein Priester eines Nachmittags beim Angeln hineingezogen worden war. Mutmaßungen darüber, ob er sich wohl die Absolution erteilt oder sogar ein Bußgebet gesprochen haben könnte, während er vorwärts und abwärts sauste im Kielwasser der Angelrute aus Bambus, die er am Tag zuvor im Eisenwarengeschäft gekauft hatte. Das Meer bedeutete Katastrophe, aber eigentlich taten das ja alle Gewässer, sogar der fürstliche Shannon, in den Autos hineingefahren waren, wo Boote kenterten oder Menschen sich das Leben genommen hatten. Der Shannon See glänzte im Sommer und wurde im

Mai von einer besonderen Fliegenart umwölkt, einer, die zum Fliegenfischen verwendet wird. Lough Dearg Deirc, der See des Königs mit dem Roten Auge, so genannt, weil ein unbesonnener habgieriger Barde einmal vom König von Thomand ein Auge verlangt hatte, worauf sich der König sein eigenes ausriß, es ihm gab und zum See hinunterging, um sich zu waschen, doch da blutete seine Augenhöhle so lange, bis in dem See kein Wasser, sondern nur noch menschliches Blut war.

Ein anderer unserer Helden war Patrick Sarsfield, Graf von Lucan, der die Sache der Katholiken und Jakobs II. während des Jakobinerkrieges in Irland vertrat. Eine Fotografie seines Porträts zeigte ihn mit einer Lockenperücke, Rüstung und weißem Spitzentuch, im französischen Stil gebunden. Die Lehrerin schlug mit ihrem Stock auf den Boden und rezitierte:

> *Lebewohl, oh, Patrick Sarsfield,*
> *viel Glück auf deinen Wegen,*
> *zerschlagen ist dein Lager,*
> *dein Werk auf Jahre zerstört!*

Wieder und wieder wurde uns erzählt, wie Sarsfield sich eines Nachts aus Limerick fortschlich, mit Galloping Hogan, einem mutigen Rapparee *(einer Art Guerillero)*, und mit einer Truppe von Männern, um den Zug abzufangen, der die Wilhelminer, die die Stadt belagerten, mit Munition versorgen sollte. Das Glück war diesem nächtlichen Ritt gewogen. Der Mond war nicht zu sehen, und die Hufe der Pferde wurden umwickelt. Hogan kannte die Schleichwege und die Seitenwege, und einer der Soldaten traf eine geschwätzige Frau, die Frau eines Wilhelminers, der er das Losungswort entlocken konnte: »Sarsfield heißt das Wort, und Sarsfield heißt der Mann.« Sie kamen durch die feindlichen Linien, ließen achtzehn Wagen mit Munition hochgehen, und die Umgebung in diesem Teil des Landes war solcher Art, daß die Erde zerrissen wurde. Sarsfield war der Rädelsführer, aber der Name von Galloping Hogan mußte auch gefeiert werden, da er als Rapparee zu jener Bande von Männern gehörte, die mit Spitzen, Sensen und Musketen kämpften, sich bis zum Einbruch der Dunkelheit in den Hügeln versteckten, wie Otter im Wasser lagen, aber so schnell wie der Bergnebel waren und keinen geringeren Anteil an der Lähmung des Feindes hatten. Aber Patrick Sarsfield wurde zu einer Wildgans *(so werden in Irland die Emigranten bezeichnet)*. Wir schauten in den Himmel und dachten ans Fliegen, und als ob das noch nicht genug wäre, lasen wir:

Und nun, o weh, ist der traurigste Tag gekommen, der jemals am irischen Horizont aufstieg. Die Sonne verdunkelte sich und wurde von einer schwarzen Wolke überdeckt, als sei sie unwillig, ein solch trauriges Schicksal anzuschauen; es brauchte keinen Regen, um die Erde zu benetzen, da die Tränen der untröstlichen Iren ihren Heimatboden im Überfluß befeuchteten, dem sie an jenem Tag ein letztes Lebewohl entbieten sollten. Jene, die beschlossen hatten zu gehen, hofften, das Land niemals wiederzusehen, und jene, die die unglückliche Wahl getroffen hatten zu bleiben, erwartete nichts als Schmach und Armut, Ketten und Gefangenschaft, kurz, alles Elend, das eine von Macht und Bosheit geknechtete Nation nur erwarten konnte.

Das waren, wie sie sagte, nur Kinkerlitzchen, verglichen mit den Berichten von der Hungersnot: die Luft, wie John Mitchell geschrieben hatte, ruhig und wie ein Leichentuch, ein gewaltiges

Schweigen, ein schleichendes Verderben über allem, das Unvermögen zu fluchen, da die menschliche Leidensfähigkeit vom Hunger erstickt war; Kinderaugen waren gefühllos und runzelig, Arbeitstrupps, die Mauern und Straßen bauten, waren stimmlos wie Schatten, die Frauen waren nicht mehr fraulich, die Vögel sangen nicht mehr, die Raben starben im Flug, haarlose Hunde mit Wirbelsäulen wie Sägen aus Knochen schlichen sich in die Gräben wie Wölfe, und die anima mundi, die Seele des Landes, lag darnieder, matt, siechend und tot. Eine Welt, in der Hilfe und Mitleid nicht vorkamen.

Der Friedensrichter aus Cork hatte dem Herzog von Wellington geschrieben, wie er soviel Brot, wie fünf Männer tragen konnten, zu einem bestimmten Dörfchen gebracht habe und geglaubt habe, daß alle tot seien, doch als er in einen Hüttenverschlag gegangen sei, habe er an ihrem leisen Stöhnen gemerkt, daß sie lebten. Zweihundert Gespenster, von denen die meisten im Fieberwahn waren. Eine Frau, die gerade ein Kind geboren hatte, riß dem Friedensrichter den Kragen herunter, eine andere Frau wurde gesehen, wie sie gerade die Leiche ihres Kindes hinausschleppte, eines zwölfjährigen Mädchens, und draußen, halbbedeckt mit Steinen, liegenließ. Sieben arme Teufel lagen zusammengekauert unter einem Mantel, aber obwohl einer von ihnen tot war, schienen das die anderen nicht zu bemerken, oder es kümmerte sie nicht. Er bat den Herzog, sich an die junge und gütige Königin zu wenden, an sie zu appellieren, daß sie ihre Autorität einsetze, kurz, die Iren etwas von dem Getreide essen zu lassen, das in jenem Jahr im Überfluß wuchs. Er bat flehentlich, daß der kalte und fadenscheinige Weg des Protokolls umgangen werden sollte und der Herzog sich direkt an sie wende. Der Brief war vergebens, und der Hilferuf wurde nicht erhört. Manche überlebten, indem sie Nesseln, Vogelmieren oder Sauerampfer aßen, und jene, die es noch konnten, wankten durchs Land, um einen Viehhof zu erreichen, in der Hoffnung, eine Portion Blut von jungen Kühen oder Ochsen ergattern zu können. Der Rest segelte nach Amerika, und das ist wohl der Großteil der vierzig Millionen Menschen irischer Herkunft, die heute dort leben.

Im folgenden Jahr besuchte die Königin Irland und dachte, daß alles wunderbar liefe, und als sie in Cove in der Grafschaft Cork an Land ging, war die Begeisterung groß. Wahrscheinlich waren die Leute zu sehr geschwächt, um irgend etwas anderes als begeistert sein zu können, und doch übertrafen sie sich selbst, wie die Königin meinte, indem sie laut wurden, umhersprangen und kreischten.

Die gleichen zermürbenden Themen – Verfolgung, Mißverständnis, fehlgeschlagene Revolutionen, Spitzel, Chaos und Pfuscherei, falsch verstandene Anweisungen im Schlachtgetümmel und schlecht ausgebildete Bauern, die irrtümlich ihre Waffen, selbst ihre Röcke von sich warfen und in irgendeinem Sumpf um Quartier bettelten, bis sie schließlich ans Messer geliefert wurden. Dann hielt ein Mädchen – die Tochter des Arztes – eine Uhr hoch, so daß die Lehrerin sie sehen konnte, und es war Zeit zum Gehen, und wir waren schon aufgesprungen wie eine Herde, während die geschwärzte Glocke noch ding-dong, ding-dong machte. Wir ließen die Eichenpulte, die mit Büchern und Kladden übersät waren, hinter uns sowie eine Lehrerin, die plötzlich still wurde, vor sich hin starrte und sich möglicherweise fragte, was sie mit dem Rest des Tages ohne unsere Plage und unsere Gesellschaft anfangen könnte.

Zur Tür hinaus. Der Blick fiel direkt auf Hagedornbüsche, dann auf vier baufällige Hütten, alle mit halben Türen, und direkt gegenüber auf das Haus des Arztes mit seinem launischen Hund, der Spot gerufen wurde. Um als Kind eingelassen zu werden, mußte man zur Hintertür gehen, und das brachte mit sich, daß man durch eine schmale eingeschlossene Passage mußte, in der man zur Schadenfreude von zweien oder dreien seiner Freunde mit Spot eingekerkert war. Spot knirschte mit den Zähnen, als ob er sie ausprobieren wollte, und fletschte sie dann, so daß man sie alle sehen konnte, zusammen mit der Zunge, die in einer Farbe zwischen Rehbraun und blassem schwabbeligem Rosa variierte. Man wußte, daß es eine Frage von Taktik war, nicht zu schnell zu gehen, den Saum des Mantels so weit herunterzuziehen, daß er fast bis hinunter an die neuen Kniestrümpfe reichte, so daß keine Haut bloßlag, die reizen könnte, einen Ast zu tragen, aber ja nicht zu schwingen, vorsichtig, um keine Bedrohung zu vermitteln. In dem Augenblick, wenn er nach dem Zipfel des Mantels schnappte, fing man an zu schreien, und der eine oder andere Bewohner kam raus und verbeugte sich mit thea-

tralischer Gebärde und lud einen ein hereinzu-
kommen.

Drinnen gab es einen Herd, der keinem Herd in
der Nachbarschaft glich, nichts als Emaille, in der
Farbe von Wolken, wenn sie nicht ganz blau und
nicht ganz grau sind; ein Herd, eine Standuhr
und auf dem Tisch Besteck für ein Essen mit zwei
Gängen, das Hauptgericht und einen Nachtisch.
Man bekam Kartoffelbrei. Die Butter war gelb
und schwamm obenauf, und man schlang das
Zeug hinunter, ohne zu kauen, um an den Sago,
den Grieß oder den gedämpften Plumpudding
zu kommen. Plumpudding war das verführe-
rischste überhaupt, besonders wenn er aus der
Schüssel gekippt und umgestülpt wurde, so daß
sich der Kragen von geschmolzenem Gelee darüber ergoß und die Seiten hinunterfloß wie ein
Bach über einen Stein. Die Vorfreude machte
dich kribbelig. Alles schwankte, und selbst zwischen deinen Augen und den Zimmerwänden
entstand eine ganz neue Wechselwirkung, so daß
sich die Tapete oder der Lack in Blasen von der
Wand ablöste.

Auf dem Weg nach Hause klopfte eine Frau mit
einer Stricknadel ans Schaufenster und stellte ei-

nige belanglose Fragen wie »Wie geht es deiner Mutter?« oder »Wie geht es deinem Vater?«. Eine fette Frau in einem Korbstuhl, mit wogendem Busen und einer Himbeerbrosche, die in der Mitte angesteckt war, sagte einem, daß man doch bitte weitergehen solle, da man in der Sonne stehe, und ein Mann mit einer ausgeprägten Neigung zur Genauigkeit erging sich ausführlich über die Annehmlichkeiten oder die Widrigkeiten des Wetters, wie es gerade zutraf, über die giftigen Gerüche nach einem Schweinemarkttag, über die immense Bedeutung von Herzensangelegenheiten und die Düsterkeit des Gefühlslebens (ich glaube, er liebte meine Mutter).

Aber die meisten anderen Männer waren unbekannt und wurden an ihren großen Stiefeln, ihrem Schnauben und ihren Eschenstöcken identifiziert und an der Ehrfurcht, die sie hervorriefen. Sie waren einfach nur Namen – der Vater von diesem oder jenem Mädchen oder der Eigentümer einer Mähmaschine oder der Herr von diesem oder jenem Hund. Sie alle hatten Spitznamen, und sie alle hatten verborgene Sehnsüchte. Ein Mann versteckte sich immer hinter Hecken, um dort auf Mädchen zu warten, mit gekrümmtem Zeigefinger, rollender Zungenspitze, geöffnetem Hosenstall, und mehr als einmal zog er da ein unglückliches Mädchen zu sich herein. So wenigstens gingen die Gerüchte. Das war auf einer einsamen Straße, auf dem Weg zum Friedhof, einer Straße, die man selten benutzte, es sei denn bei einem Beerdigungszug. Manchmal kaufte man sich in der Stadt Süßigkeiten für einen halben oder ganzen Penny, Regenbogentoffees oder Pfefferminz oder gebrannte Mandeln, und man lutschte daran ganz langsam, und der Nachhauseweg durch die Stadt wurde mit einemmal langsamer, wobei man verstohlen in ein Fenster hineinspähte, auf eine Überraschung wartete, auf Weihnachten wartete – immer auf Weihnachten wartete. Weihnachten war die glitzernde Flut von Rauschgold an den beiden Seiten der Fenstervorhänge, ein Schlüpfer oder ein Nachthemd mit einer bunten Kugel darauf und der weitmaschige weiße Strumpf, der einen Schatz geheimer Seligkeit enthielt. Das war Weihnachten, und eine Rübe mit einer angezündeten Kerze darin, falls Christus des Weges käme und eintreten wollte. Weihnachten, das war drei Messen an einem Tag und ein Weihnachtsessen, und lange vorher – aber das wußtest du nicht – hatte Weihnachten für James Joyce schon aus Plumpudding und Karamelsauce bestanden und darin, daß die Freude am Essenstisch gestört wurde, weil eine Frau es mit der Religion hatte und gegen Parnell wütete, diesen Ehebrecher, und mit einem anderen Gast Streit anfing.

Vorbei an dem gelben Rathaus, wohin zweimal im Jahr Schauspieler kamen, wo gelegentlich Tanzabende stattfanden und sonntags abends Vier-Penny-Schwoofs, bei denen Mädchen leicht in Schwierigkeiten geraten konnten; über die Steinbrücke, wo das Wasser, braun wie strömendes Porterbier, die Felsen wusch und das Hotelfenster umspülte, und hinter diesem Fenster in der dunklen Küche tranken Männer Porter, und drei leichte Mädchen, von denen eins einen Bürstenhaarschnitt hatte, tranken Gin-Martini, und einmal betrunken, waren sie »wild auf Typen«.

Und selbst an allerschönsten Tagen mit Sonnenschein – die Blätter in wunderschöner harmonischer Schwingung, die summenden Bienen, die saufenden Kühe am Ufer – lauerte da eine Art Schrecken. Konnten die Männer vielleicht ihre

Hosen aufknöpfen, besonders der Arbeitslose, der sich darauf spezialisiert hatte, Mädchen in den Sumpf zu ziehen, wo sie dann hilflos waren. Oder konnte man nicht vielleicht von den »Tinkers« mitgenommen und auf einem Pferdemarkt an Fremde verkauft werden? Oder die Zwitterfrau, rittlings auf ihrem großen Karren sitzend, könnte vielleicht den Weg kreuzen, einem die Gänsehaut über den Rücken jagen und einem dann schließlich das Innerste nach außen kehren, so als ob man ausgeweidet würde. Nur an den Frauen konnte man gefahrlos vorbeigehen, und selbst sie konnten manchmal über etwas, was man nicht verstand, einen wahren Wortschwall von sich geben, z. B. daß die Milch sauer geworden wäre oder die Kuh ein totgeborenes Kälbchen geworfen hätte. Es gab auch verrückte Frauen, die herumzappelten, Taschentücher fallen ließen und »Nein, nein« riefen, wenn ihre Brüder oder ihre Aufseher sie fesselten, um sie ins Irrenhaus zu bringen. Nur bei Müttern war man sicher.

Mütter waren die besten. Mütter arbeiteten und sorgten und opferten sich, und wenn sich die Familie zum Essen setzte, hatten sie die kleinste Portion auf ihren Tellern, Mütter trugen Schürzen und schufteten und gingen am Sonntagabend zum Frauenverein und flüsterten sich dort auf dem Gelände um die Kirche Dinge zu über ihre Gebärmutter und ihre Schmerzen. Eine Frau, die immer zum Grab ihres Mannes ging, nahm deine Hand und schüttelte sie wild, wobei ihr das Wasser in die vom grauen Star gezeichneten Augen schoß.

Mütter saßen nie unter Weidenbäumen oder auf Decken und veranstalteten ein Picknick, aus einem köstlichen Korb Leckereien aushändigend. Mütter summten nie oder tanzten den Highland-Fling. Eine Mutter wurde mal operiert, und ihr Ehemann wurde eingelassen, um sie anzuschauen, wie sie schlafend und nackt auf dem Tisch lag. Das war skandalös, also wirklich. Aber das waren auch Protestanten. Diese Mutter wurde wieder gesund und machte Eiskrem mit Himbeergeschmack selbst, eine liebliche, feuchte, einladende rote Muschel. Sie hatte ein Hausmädchen.

Dienstmädchen waren alle gleich, schlampig, alle aus den Bergen, Dienstmädchen hörten mit zehn oder zwölf mit der Schule auf, konnten nicht lesen oder schreiben, hatten haufenweise Brüder und Schwestern, waren Kleptomaninnen, hatten Laufmaschen in den Strümpfen und aßen immer, wenn ihre gnädigen Frauen ausgegangen waren. Zur Strafe wurden sie in Dachstuben und Rumpelkammern eingesperrt, wo sie brüllten und schrien, bis sie schließlich rausgelassen wurden, aber kein Abendessen bekamen, dafür Züchtigungen, die ohne Beispiel waren.

Das nächste Stück den Hügel hinauf zur Schmiede hin und zu dem Anblick von sprühenden roten Funken vom Aufprall des Hammers auf das glühende Eisen, beinahe – aber doch nicht ganz – so eindrucksvoll wie die Sterne. Drinnen warteten ein, zwei Bauern, der Schmied hämmerte unentwegt, und Laute, die entweder von vorn oder hinten kamen, kündeten von der Aufregung und Nervosität des Pferdes. Bald warst du daheim, um deine Hausaufgaben zu machen.

Aber die Straße wurde einsamer, weniger Häuser, dann gar keine Häuser mehr, und die auf dich einstürmenden Vorstellungen drohender Gefahren – »Tinkers«, Kidnapper, das Mannweib, die Mißgeburt oder der Mann, der die Hosen herunterließ und sagte: »Kimmste her zu mir, daß ich dir ein' flöten tu« und es dann neben der Pumpe tat, so daß, falls jemand käme, er schnell so tun könnte, als wollte er sich gerade mal waschen. Außer Atem, an die Schulmappe wie an einen Menschen geklammert: das letzte Stück der Straße, ohne ein Haus, ohne einen Baum, und die hohe Mauer, die an unser Land grenzte und an die jemand mit Kreide geschrieben hatte: »Hoch die Bauern«, und der große, mit Wespen gefüllte hohle Baumstumpf und die Überreste des Baumes, der vor langer Zeit während eines Sturms umgestürzt war. Dann das störrische Tor mit seinem quietschenden Riegel und seinen kaputten Scharnieren, die an dem Steinpfeiler befestigt waren, auf dessen Oberfläche es ein winziges Stück glatten Schiefers gab, das man wieder und wieder berühren mußte, weil das Glück brachte, was man aber wegen des dringenden Bedürfnisses, nach Hause zu kommen, nicht konnte, aber man mußte doch, wegen des sonst drohenden Unglücks, und so begann eine lächerliche Folge von Hin- und Herrennen, um ihn zu berühren, ihn nicht zu berühren, ihn doch wieder zu berühren und wieder loszurennen, und dann natürlich der größte Schreck von allen, eine Begegnung mit dem Übernatürlichen, weil unter einem bestimmten Baum ein Mann erschien, ein alter Pförtner, der durch ein Unrecht umgekommen war; dann die Rinder, ihre starren Blicke, ihre gewaltigen Köpfe, ihr Lärmen und Brüllen, die abgestoßenen Stellen ihrer Hörner, die in der Sonne aufblitzten, Rinderlärm und -gebrüll – aber was war das: zu Hause? Einmal war es der Landbauprüfer, der gekommen war und mit Tee und Scones besänftigt werden mußte, bevor man ihn hinausführte, um ihn die alles andere als zufriedenstellenden Parzellen mit Weizen und Gerste inspizieren zu lassen. Einmal war es ein Wurf toter Mäuse, im Mehlsack vom Schwarzmarkt gefunden, kleine Mäuse, alle verstaubt und aneinandergeklammert, so, wie sie erstickt waren. Oder es konnten blitzsaubere und spiegelblanke Fenster sein, wundervolle schneeweiße Spitzenvorhänge, ein Geruch von Wachs und ein solches Gefühl von Leichtigkeit und ein Duft, als wären selbst die künstlichen Blumen mit einem bißchen Leben erfüllt worden. Manchmal wurde einem das Haar nach Nissen abgesucht: den Kopf über den Küchentisch gebeugt, und der feine Elfenbeinkamm kratzte durch das Haar, grub sich in die Kopfhaut, und schmerzliche Aufschreie, wenn die Läuse auf das Zeitungspapier fielen und um ihr Leben krabbelten. Sie fanden ihr

Ende durch den Druck eines Daumennagels. Zu viele Läuse, und man würde dich über Nacht zum Shannon karren. Du glaubtest das, weil du dazu neigtest, dem Unmöglichen genausoviel Glauben zu schenken wie dem Möglichen.

Immer wunderte man sich. Wunderte sich über Amy Johnson und wen sie wohl liebte oder wer denn das Haar von Mrs. Simpson pflegte oder über die Luftschutzkeller in London, wo man von den Leuten sagte, daß sie ungewöhnliche Dinge täten und daß Fremde locker miteinander umgingen. Es gab scheußliche Morde, die überhaupt nicht mit dem Krieg in Verbindung standen, verübt von einem Mann, der Frauen in ein Bad lockte. Heidnisches London. Heidnisches England.

Eines Tages kam ein Schwarm Honigbienen. Sie nisteten in einer Mauer des Küchengartens, und es wurden Pläne geschmiedet, sie zu fangen und in einen alten Bienenstock zu stecken, und dann würde es nur noch eine Frage der Sommertage sein, daß man Honig zum Tee hätte, Waben von Honig, überall Honig, den man nach Herzenslust löffeln könnte. Meine Mutter und der Knecht gingen hin, mit Gummistiefeln, langen Trenchcoats, steifen Hüten, Handschuhen und Halstüchern bekleidet, um sicher zu sein, daß kein Stück von ihnen unbedeckt wäre und ein Opfer der Stiche werden könnte. Sie sahen aus wie die jungen Leute, die dem Zaunkönig folgten *(nach dem Brauch der »Wrenboys«, der Zaunkönigskinder, die am Tag des heiligen Stephan in phantastischer Verkleidung und unter der Führung eines – lebenden oder nachgebildeten – Zaunkönigs von Haus zu Haus ziehen)*, so bizarr war ihre Aufmachung, und sie selbst lachten über ihre Ausrüstung, obwohl es unten keinen Spiegel gab, in dem sie sich hätten sehen können. Da gab es nur den Rasierspiegel, zwischen zwei Fenstern in Position gebracht, ein Schauplatz mancher Tiraden, wenn mein Vater sonntags morgens, bevor er zur Messe ging, einen Koller bekam. Sie wollten die Bienen in großen Bratpfannen fangen. Meine Mutter holte außerdem einen wundervollen schwarzen Gazefächer, mit dem sie, falls es sich als notwendig erweisen sollte, die Bienen treiben wollte. Wir hörten, wie sich das Tor zum Küchengarten schloß – und dann plötzlich einen die Erde zerreißenden Schrei, gefolgt von Stille und der bohrenden Frage meiner Mutter: »O Jesus, hat sie etwa zwei Stacheln?« Wir erfuhren später, daß die Biene unter ihren steifen Hut geraten war, und im Beschreiben des Schmerzes, was sie meisterhaft konnte, sagte sie, es war nicht weniger, als wenn man sie mit einem rostigen Sechszollnagel durchbohrt hätte. Das Unternehmen wurde abgeblasen, und man kam auf hausgemachte Marmelade zurück, die Brombeermarmelade, und das leicht bernsteinfarbene Holzapfelgelee, mit Gewürzen abgeschmeckt.

Das Wetter war besser damals, oder die Zeit dehnt sich bei schönem Wetter und an Sommerabenden, und der Himmel schien bis Mitternacht rotgolden zu sein, und alle Türen blieben weit geöffnet, um die Brise hereinzulassen. Es gab Klappstühle, die man vors Haus tragen konnte, um ein Sonnenbad zu nehmen. Einmal kam unerwartet ein junger Priester, und ich mußte eilig meine Strickjacke anziehen und zuknöpfen. Meine Mutter machte ein Tablett mit dem Abendessen fertig und beschwor ihn, er solle doch bitte zwei hartgekochte Eier nehmen, denn, wirklich, sie hätte noch ein ganzes Sieb voll davon. Zuerst lehnte er ab, sagte, daß er schon zu Abend gegessen habe und auch auf die Pfündchen achten müsse. Er hielt seine bleiche Hand an die Brust, die mit einem wunderschönen schwarzplissierten Hemd bedeckt war und wo sich noch nicht ein Gramm Fleisch zuviel angesammelt hatte. So bekam er zwei Eier, ein weißes und ein braunes, auf die Minute gekocht, und einen besonderen kleinen Eierlöffel mit einem Blattmotiv am Griff und Salz aus dem Kristallfäßchen und frischen Senf im Fläschchen, denn zusammen mit den Eiern hatte sie eine Idee, aber auch wirklich nur eine Idee, von kaltem Schinken mitgebracht, der vom Mittagessen übriggeblieben war. Wie wir uns um ihn bemühten, den Teewagen bis zum Rand der Treppe rollten, ein zweites Kissen für seinen Rücken holten, fragten, ob er vielleicht erst Milch möchte, ihn »Vater, Vater« nannten und ihn später mit Früchtekuchen, Marmorkuchen und einem Stück Zitronenbaisertorte vollstopften.

Wenn es so etwas wie die Geburt des Mutterinstinktes gibt, entdeckte ich ihn an diesem Tag, an dem ich alles für ihn tun wollte und sogar davon träumte, seine Füße zu waschen. Ich dachte an Maria, Maria Magdalena und ihren Balsam, ich dachte an ihr langes dunkles Haar. Er würde bald als Missionar weggehen, und in dem Schweigen,

111

das dieser ernsten Ankündigung folgte, schien das ganze Leuchten des Abends zu versinken, das Licht, das noch vor einem Augenblick auf dem behauenen Stein getanzt und jede blaßgelbe Maserung in Gold verwandelt hatte, so hell wie der Rand seines Breviers, war fort, vergangen. Wir würden ihn nie wiedersehen und würden auch nicht wissen, würden niemals wissen, was auf ihn wartete in jenem anderen Kontinent mit seinem schwarzen Zentrum und den widerlichen Eßgewohnheiten. Er gab uns seinen Segen, bevor er ging. Wir knieten auf dem Stein, Seite an Seite, schlossen unsere Augen und erwarteten seine segnenden Hände.

Als er gegangen war, wurde meine Mutter übertrieben geschäftig, sagte, daß die Arbeit liegengeblieben sei, und beeilte sich, die Hühner zu füttern, die Eimer zum Melken mit heißem Wasser auszuspülen, die kleinen Eintagsküken unter der Lampe fortzunehmen, die ihnen als Ersatzmutter diente, dann setzte sie sich an den Rand der großen Apfelsinenkiste und schaute zu, wie sie kleine Stücke des feuchten Maismehls aufpickten. Auch sie hatte einen sonderbaren Schmerz gefühlt.

4

DIE BÜCHER, DIE WIR LASEN

Solche Dinge geschahen in Büchern. Obwohl nicht besonders viele Bücher in Umlauf waren. Zwei oder drei oder vier abgegriffene Bände wurden herumgereicht, seitenweise verliehen, von Frauen endlos verschlungen und endlos diskutiert. Liebte er sie? War sie eifersüchtig auf seine Gouvernante? Lag ein Fluch auf dem Anwesen? Kam alles nur durch den zerbrochenen Spiegel? Geschichten von Männern in Morgenröcken, Paaren, die heimlich durchbrannten, Kaschmirmänteln, Damen, die hektisch erröteten und die Mahlzeiten unberührt ließen, Eau de Cologne, Ohnmachten, Batisttaschentüchern, Heiratsanträgen, Eifersüchteleien, der Grausamkeit des Schicksals; Geschichten von unerfüllbarer Liebe, weil ein Mann verheiratet war und die Ehe unauflöslich oder weil ein

Mann verheiratet gewesen war und der Schatten, um nicht zu sagen der Fluch, seiner früheren Frau das Glück der Braut bedrohte; oder unerfüllbar, weil der eine oder der andere einen anderen Glauben hatte, und das war ein entsetzliches Hindernis, die höchste aller Hürden!

Eine Miss Annie M. P. Smithson erzählte solche Geschichten, schmerzensreich und atemberaubend traurig – eine Krankenschwester, die einen Mann des falschen Glaubens liebt, verläßt ihn, sowie sie davon erfährt, durchläuft die Schmerzen von Trennung, Ungewißheit und Versuchung, aber wird nach einem langen, keuschen und vorbildlichen Leben mit ihm wieder vereint, und natürlich wird er bekehrt. Oder ein fetter Parvenü mit einer Hypothek auf einem wunderschönen alten Herrenhaus rettet dieses, indem er die zarte Clementina gegen ihren Willen heiratet. Aber natürlich wird er durch den Einsatz eines Geistes aus dem Wege geräumt, und sie findet den Mann ihres Herzens. Immerzu die Via dolorosa bis zum gequält-glücklichen Ende, bis sich das Wunder immerwährender Liebe ereignet.

Man betrachtete sich im Handspiegel, der mit Horn hinterlegt war, entweder vor, während oder nach einem dieser berauschenden Ereignisse, um sich zu vergewissern, ob irgendeine Veränderung in einem vorgegangen war. War man eigentlich schön? Aus dem Holz einer Heldin geschnitzt? War es klug, sich eine Wäscheklammer auf die Nase zu klemmen, wie es Amy oder Meg in *Little Women* taten? Sollte man vielleicht seinen Namen in Lydia ändern? Schönheit war von überwältigender Wichtigkeit. Sie allein entschied über das Schicksal, die Zukunft, und ohne sie würde sich kein Märchenprinz auch nur nach einem umdrehen. Eine Dame mußte einfach perfekt aussehen, stumm bleiben, und schon hatte sie ihren Mann. Als Mr. Carlisle, der beispielhafte Held aus *East Lynne*, zum erstenmal seine zukünftige Braut (der noch große Irrungen bevorstanden) erblickte,

... hatte er sich keinen besonderen Verehrer weiblicher Schönheit gedünkt, aber der ungewöhnliche Liebreiz des jungen Mädchens vor seinem Auge benahm ihn fast seiner Sinne und seiner Fassung. Es waren weniger die perfekten Konturen ihrer erlesenen Züge, die ihn berührten, noch war es das reiche Rosenrot ihrer zarten Wangen, noch das üppig wallende Haar, nein, es war der süße, liebliche

115

Ausdruck der sanften dunklen Augen. Nie zuvor in sei-
nem Leben hatte er so angenehme Augen gesehen. Er
konnte seinen Blick nicht von ihr wenden, und es wurde
ihm, sowie ihm ihr Gesicht vertrauter wurde, bewußt, daß
in seinem Ausdruck ein trauriger, sorgenvoller Blick lag.
Niemals entsteht jener unbewußt trauernde Ausdruck,
ohne ein sicheres Anzeichen für Sorgen und Leid zu sein,
doch Mr. Carlisle verstand ihn nicht. Und wer hätte auch
bei den Zukunftserwartungen der Isabel Vey an Kummer
gedacht.

Immer weiter, das Abendessen, den Rosenkranz
oder was auch immer vergessend, um zu entdek-
ken, daß sie leidenschaftlich glücklich waren, bis
die Schlange der Eifersucht von Isabel Besitz ergriff, bis Mißverständnisse sie in einen Abgrund
stürzten, bis sie fortlief, in einem Zug in Frankreich einen Unfall erlitt, der ihr Gesicht entstellte,
und nach einigen Jahren inkognito zurückkehrte,
um Kindermädchen im Haushalt ihres Mannes zu
werden. Ihr Mann hatte die Frau geheiratet, auf
die sie eifersüchtig gewesen war, ihr Herz brach,
sie wurde krank, enthüllte alles auf dem Sterbe-
bett, und die Taschentücher dieser Welt wurden
triefnaß.

Nichts hätte ferner der Realität sein können. Das geköpfte Ei im Becher war kalt geworden. Auf dem Kakao war eine Haut, eine Stimme sagte: »Hast du deine Aufgaben gemacht?« oder »Räum den Tisch ab.« Draußen wurde es dunkel. Die Kühe waren schon gemolken, es war noch eine halbe Kerze übrig, die du aufsparen solltest. Du löschtest sie, und in der Dunkelheit dachtest du um so schmerzlicher an die arme Isabel und was sie alles ertragen mußte. Das Leben war ja so zahm, verglichen mit dem ihren. Die Felder, das Moor, wo die Lilien wuchsen, die Gemeinde von tausend Seelen, der alte Kanonikus, der lange Predigten hielt, von Husten und Schleimauswurf unterbrochen, die Eimer mit Milch, die Gespräche waren wie Spülwasser, verglichen mit dem Nektar dieser schicksalsträchtigen Erzählungen. Miss Annie P. Smithson oder Mrs. Henry Moore oder irgendein anderes verzaubertes Wesen erzählte davon, daß der Mond hoch in den Himmeln schwamm, daß er geradezu die Sterne verblassen ließ, daß sie sich in dichten Schwärmen zurückzuziehen schienen, während dieses oder jenes Paar auftrat, um das wichtigste, das folgenreichste Drama seines Lebens aufzuführen.

Die beiden Welten trafen sich nicht. Die Realität spielte eine langweilige zweite Geige. Und Sex, die verbotene Frucht, war die gläserne Kutsche, mit der man sich bei Nacht und Nebel heimlich davonmachen mußte. Natürlich gab es kühnere Geschichten, die von Kriegsköniginnen handelten, die sich nicht durch diese ersten süßen Stunden täuschen ließen, sondern die erfüllende Liebe suchten, und das nach vielen Schlachten und Kämpfen. Mit diesen Frauen identifizierte man sich nicht so sehr, da sie nicht unterlagen. Es gab viele Namen, hochklingende Namen wie Deirdre und Emer und Maeve. Aber am liebsten mochtest du Macha, die rotmähnig, dunkelbraun und bedrohlich war, kein zartes Mägdelein, sondern rot, als ob sie in Blut gebadet hätte, und mit Macht über Seelen. Mit ihrer Lanze berührte sie einen schlafenden König, und als er sie erblickte, sprang er auf die Füße, und seine ganze Seele flog ihr zu, erklärte ihr seine Liebe und erwies ihr seine Huldigung. Später im Wald, als er versuchte, sie zu umarmen, band sie seine Hände, so wie ein Hirte ein Lamm bindet, wozu sie von einer Weide die biegsamen Triebe abgeschnitten hatte. So ließ sie ihn zurück, und das gleiche geschah mit dem

nächsten und dem übernächsten, bis der Richtige
sie in seine mächtigen Arme schloß und sie sich in
eine blühende Jungfrau verwandelte, seine Liebe
erwiderte und seine Braut wurde.

Man trug bereits den weißen Schleier.

Über dem Herd hing ein kleines gerahmtes Gebet,
das in der Zugluft des Schornsteins hin und her
wackelte:

> *Dem Essen, das ich hier bereite,*
> *von droben seine Würze gib*
> *mit Deinem Segen, Deiner Gnad'*
> *und ganz besonders Deiner Lieb'.*

Das Essen bestand aus Kartoffelbrei, Pandy genannt, Kartoffelbrot oder Boxty und einem Ge-
misch aus Kartoffeln, Zwiebeln und Kohl, das
Colcannon hieß. Das zu essen war eine echte
Strafe. Genau wie alle anderen gewöhnlichen Ge-
richte. Es gab Brombeeren, die an den Sträuchern
glitzerten, aber eine kandierte Kirsche war kostbar
wie ein Juwel. Es gab Bierkuchen oder Melassen-
kuchen, über die man die Nase rümpfte, aber ein
gekaufter Kuchen, z. B. Biskuitrolle, altbacken wie
Reispapier, erzählte von einer anderen Welt, in der

die Heldinnen an geöffneten Fensterflügeln in den letzten Strahlen der Sonne standen und von dem tiefen Leuchten des karmesinroten Abendhimmels überflutet wurden.

Es kamen Leute, die zwar nicht ganz diesen königlichen Maßstäben entsprachen, aber andere Stimmen hatten: feine Pinkel, in Pumphosen und mit Sportwagen, und einmal eine feine Dame mit einer großen Puderquaste aus Schwanenfedern, die in die Mitte ihres getupften Seidentaschentuchs eingenäht war. Sie hatte kleine Pflaster dabei für Hühneraugen, und diese hatten ebenfalls die ganze Faszination eines Schmuckstückes. Das Innere des Hühnerauges löste sich mit dem Pflaster ab, und jedermann staunte. Die Männer nannten sie Betty und schlugen ihr auf den Hintern, und man tuschelte, daß sie mit keinem der Männer verheiratet war, obwohl sie in deren Hausboot schlief. Sie angelten den ganzen Tag, benutzten Eintagsfliegen als Köder, machten Picknick, fingen Forellen oder auch mal keine, trugen ihren Fang am Abend durch die Stadt zum Hotel, wo die Waagen immer bereitstanden, um den Fisch zu wiegen. Abends saßen sie in der Gaststube ihres Hotels, tranken Whiskey und forderten Einheimische auf, die Fiedel zu spielen. In ihrer Aussprache klangen Vokale überhaupt nicht wie Vokale, sondern irgendwie zusammengequetscht. Sie nannten jeden Paddy und erzählten schmutzige Geschichten.

In einer Woche tat sich einmal eine Gruppe von Leuten zusammen, um nach Limerick zu fahren und dort *Wem die Stunde schlägt* zu sehen. Der Film drückte auf die Tränendrüsen. Das Kino hieß Stella nach einem führenden Star und hatte ein riesiges Restaurant mit Teppich, in dem Currysuppe, Würstchen mit Erbsen und Zuckerkuchen, der nach Toronto benannt war, serviert wurden. Der historische oder politische Hintergrund des Films wurde verdrängt oder auch niemals begriffen, denn was passierte – so erzählten sie einem –, das war, daß Ingrid Bergmann Gary Cooper liebte und ein Kind von ihm erwartete, während er auf höchst hinterhältige Weise erschossen wurde. Der Roman von Ernest Hemingway handelte von Ingrid Bergmann und dem Untergrundkämpfer Gary Cooper, der mit einer Kugel im Leib den Graben entlangstolperte und ihr sagte, daß sie weiterleben solle. Die Leute erzählten die Handlung, aber nicht in zwei Fällen stimmten die Einzelheiten überein.

Oben in Dublin aber waren einige hundert junge Männer in blauen Hemden losgezogen, um unter der Ägide von General O'Duffy für Franco in Spanien zu kämpfen, aber das stand in keinem Zusammenhang mit Ernest Hemingways tränenreicher Geschichte. Das Dorf war scharf geteilt in diejenigen, die Cosgraves Partei wählten, und jene, die für Dev waren. De Valera war der ehrwürdige Held. »Es lebe Dev«, las man. Es paßte toll auf die Steinmauern oder hinten an die Häuserpassage oder sogar direkt auf die Straße, vor einem seiner gelegentlichen Besuche. Dev war ein heiliger Mann, ging jeden Tag zur Messe und empfing die heiligen Sakramente, ging dazu auch noch zur Andacht in einer Kirche in der Leeson Street, zweifellos zu einer Gewissenserforschung. Wenn Dev kam und auf dem großen Lastwagen stand, trug er einen schwarzen Mantel, so lang wie der eines Priesters. Er war ernst und nicht wie Paddy Hogan, der frühere Landwirtschaftsminister, der ein schlagfertiger Redner war. Paddy Hogan hatte seine Zwischenrufer, ein Mann fragte ihn direkt: »Wie viele Zehen hat ein Schwein, Herr

Minister?«, und Paddy Hogan sagte: »Zieh deine Stiefel aus und zähl nach.« Alles applaudierte, selbst diejenigen, die Paddy Hogan nicht die erste Stimme geben würden. Der Wirtschaftskrieg war lange vorher gewesen, wo man die Tiere auf den Weiden sterben ließ, und eine ganz ähnliche Katastrophe, als die Maul- und Klauenseuche um sich griff und manche Leute glaubten, daß britische Agenten die Erreger nachts in die Heuschober gesprüht hätten.

Dann war da der Engländer, der ein großes Haus unten am Wasser kaufte, ein wundervolles spitzes und massives Steinhaus, mit Zierbäumen, roten Eichhörnchen, Eulen, Gongs und einer Pumpe im Innern. Er ließ es dem Erdboden gleichmachen, verkaufte die Steine und die marmornen Kaminplatten mit Verlust an die Grafschaftsverwaltung. Brennesseln überwucherten die zerbrochenen Pfeiler, und Krähen übernahmen die Herrschaft in den alten Bäumen, die er zu fällen vergessen hatte.

Da war der Missionar, der kam und in noch viel überschwenglicheren und gleichzeitig noch viel vorwurfsvolleren Tönen über die Unsterblichkeit der Seele sprach, und an jenen Abenden wurde in irgendeiner abgelegenen, feuchten, schwitzenden, überfüllten Kirche das Bild von der Hölle mit ihren blutigen Feuerzungen und ihren vergnüglichen Teufeln plastischer, als wäre Hieronymus Bosch persönlich mit seiner Staffelei gekommen und hätte das infernalische Szenarium gemalt und sich die Leute dazu herausgesucht, einen selbst, die Eltern oder die Freunde, und hätte sie in den Bauch der Hölle geschleudert.

Da waren die vierzehn Kreuzwegstationen, die den Weg zum Kalvarienberg darstellten und beide Hauptwände in Anspruch nahmen. Bilder, so lebendig wie die Schüsseln voll Schweineblut, aus denen die Blutwurst gemacht wurde. Die Frauen füllten das Blut in kleine farblose Beutel, banden sie an beiden Enden zu, ließen sie dann langsam stundenlang köcheln und reichten sie am nächsten Sonntag zum Frühstück oder am nächsten Feiertag oder bei dem nächsten besonderen Anlaß.

Besondere Anlässe waren die Perlen des Daseins. Unerwartete Besucher – Leute, über die selbst deine Mutter wenig Bescheid wußte. Gewöhnlich kamen sie aus den Staaten und brachten Glasperlen oder Firlefanz mit und prahlten mit ihren Häusern.

Ihnen wurden die Schlafzimmer gezeigt, dann die Nebengebäude, Heuschober, Kuhställe oder Krippen und der Hühnerhof; dann zurück zu Tee und Scones, braunem Brot, Königskuchen, Biskuitkuchen, Marmorkuchen und Früchtekuchen, der im Kochbuch Korinthenkuchen genannt wurde. Sie unterhielten sich über die Ernte, die Kunstdüngerknappheit, und um das Schweigen zu brechen, stimmte mein Vater das Lied von der »Maid of the Sweet Brown Ewe« an. Dann, wenn er so seine Geister wiederbelebt hatte, bat ihn meine Mutter, von der »eingefädelten« Hochzeit zu erzählen, und mein Vater zierte sich, erzählte dann schließlich, wie er Teddy, den Protestanten mit dem Zucken im Gesicht, in die nächste Grafschaft gebracht hatte, um sich dort für eine zukünftige Braut drei Mädchen »mal anzusehen«. Und wie sie sich, als sie dort ankamen, drei Mädchen im vollen Staat gegenübersahen, mit Puffärmeln, Halsketten und so weiter. An dieser Stelle hielt er dann inne, um zu sehen, ob die Besucher gebannt wären, was sie auch tatsächlich waren. Er erzählte dann, wie Teddy sich eine von ihnen auswählte und wie man sie spazieren schickte, um miteinander bekannt zu werden, wie währenddessen ein Büfett angerichtet wurde und auf dem Eßzimmertisch kalter Braten, Eingelegtes, rote Bete, Kartoffelsalat und allerlei Süßigkeiten erschienen. Die Liebenden wurden zurückgerufen, und Teddy – der gerade einen Sherry gekippt hatte – betrachtete eine der anderen Töchter und sagte zögernd: »Ich hab's mir anders überlegt, ich glaube, ich nehme doch lieber die.« Dann lachte alles. Meine Mutter meinte, daß Vater zum Totlachen sei, und einer der Besucher fragte, wen Teddy denn letzten Endes geheiratet habe, und die Antwort war dann: »Keine.« Mein Vater schloß dann vielleicht mit der Bemerkung, daß Teddy ein »netter Junge« gewesen sei. Teddy war tot, er starb in seinem Haus und wurde dort tagelang nicht gefunden. Darüber wurde man ein wenig betrübt, so wie über all die andern, die zur Unzeit gestorben waren, und dann war es Zeit für die nächste Tasse Tee, Zeit, die schneeweißen Zuckerwürfel mit der kleinen Zange zu halten und zu bemerken, wie wunderschön sie waren.

Nach der Stärkung gingen die Männer hinaus, um sich das Vieh anzuschauen und zu diskutieren, was es wohl auf dem nächsten Viehmarkt einbringen würde. Einmal im Monat gab es einen Schweinemarkt, am Tag darauf einen Rindermarkt; auf den Hauptstraßen wurden junge Schweine in Weidenverschlägen gehalten, wo sie ohne Unterlaß quiekten, während die Rinder rutschend und schlitternd überall herumrannten. Die Bauern tranken große Pints Bier und spuckten sich in die Hände, wenn sie einen Handel abschlossen, manchmal wischten sie sich mit dem Ärmel ihres Stoffmantels den Schaum von den Schnurrbärten. In der Dämmerung trieben sie die Rinder, die nicht verkauft worden waren, zusammen und brachten sie zurück zu ihrem Gehöft und ihren murrenden Frauen.

Die Märkte waren derb und ungeschlacht, und noch tagelang hingen die Nachwehen des Mistgeruchs über der Stadt und in den Läden. Die nächste Abwechslung war vielleicht die Ankunft einer Schauspieltruppe, und das wurde durch Plakate angekündigt, die an den Ladenfenstern klebten oder auf den Steinmauern lagen, durch einen oder zwei lose Steine gehalten. Dort erfuhren wir, ob es Mr. Anew MacMaster sein würde, der etwas von Shakespeare spielte, oder umherziehende Spieler, die rührseligere Sachen brachten. Mr. MacMasters Spezialitäten waren Monologe, und wenn man ihn in seiner Toga umherstolzieren sah, stellte man sich vor, im Rom Cäsars und Mark Antons zu sein. Wie er wetterte – keine der Damen von Krethi und Plethi war erpicht darauf, in der ersten Reihe zu sitzen, obwohl sie normalerweise diese Plätze begehrten, denn in seinen Auslassungen schäumte Mr. MacMaster ihre Gesichter und ihre Rockaufschläge mit Speichel ein, und wenn sie herauskamen, ereiferten sie sich, wie durchnäßt sie waren.

Shakespeare war erhaben, zu erhaben, aber die Melodramen waren das, was das Publikum rührte und abwechselnd zum Weinen und zum Erschauern brachte. Graf Dracula ließ den ganzen Saal mit Männern, Frauen und Kindern den Atem anhalten. Sie drängelten sich, um zu sehen, wie Dracula die Sicherheitsnadel in den Hals des Mädchens einführte und die Vene öffnete, um das frische Blut auszusaugen. Anschließend fürchteten sich die Leute oft, nach Hause zu gehen, und mußten begleitet werden, machten sich dabei aber schon Sorgen um das Geld für die nächste Abendvorstellung.

Vor der eigentlichen Veranstaltung aber waren die Schauspieler der Hauptrollen an der Tür und vergaben Eintrittskarten, aber sie waren ausge-

sprochen unerreichbar auf Grund ihrer Zurück-
haltung, der Schminke, ihrer verkrusteten Augen-
wimpern, ihrer paillettenbestickten Westen, ihrer
Rüschenhemden und vor allem wegen ihrer wundervollen kehligen Stimmen. Ihr ganzes Aussehen kam in Vollkommenheit zur Geltung, in dem
ergreifenden Schein der zwei Paraffinlampen, die
als Rampenlichter dienten. Die Vorhänge könnten
Feuer fangen, aber wen kümmerte das? Da hieß es
»Alles um Hekuba, und was bin ich ihr«, wie ein
Schauspieler eines Morgens gesagt haben soll, als
er zum Frühstück ein Ei mit Küken drin bekam!
Die Männer, Frauen und Kinder in der Rathaus-
halle weinten, heulten und schnieften, verschluck-
ten sich an ihren Tränen, als die letzte Szene von
East Lynne aufgeführt wurde, genau wie sie eine
Stunde vorher geweint hatten, als ein Junge, der
kleine Willie, auf der Bühne gestorben war und
eine erschütterte Mutter mit gebrochenem Herzen hinterließ.

Zärtlichkeit war gut und schön, wenn die Schauspieler sie zeigten, aber keine Spur mehr davon,
wenn ein Mann seine Frau zum Teufel schickte,
oder einer Frau im Nebenraum eines Hotels sämt-
liche Zähne von einem reisenden Zahnarzt gezo-

gen wurden, der einmal im Monat kam und für seine Verwegenheit und seine Grausamkeit mit der Zange bekannt war. Auf der Bühne war das etwas anderes, wenn der Cowboy in *South of the Border* seine verlorene Geliebte ihre Gelübde als Nonne ablegen sah, sie auf ihrem Podium sitzen sah, in himmlisches Licht gebadet. Dann war es erlaubt zu weinen, und jeder tat es, sogar die Schauspieler selbst. Diese hatten den Ruf, abends lang auszubleiben, zu streiten, und die Frauen – die verrückt geworden sein müssen vom ganzen Kinderversorgen und Essenkochen in diesen Einzimmerquartieren – sah man nie, außer wenn sie wie verklärte Heldinnen auftraten.

Ich klopfte einmal an die Tür eines solchen Paares und kann mich genau, zu genau, erinnern, wie es drinnen aussah – weinende Kinder, man war gerade bei irgendeiner Mahlzeit, und der Schauspieler in Hemdsärmeln sah mich mit höchst erstauntem und gereiztem Gesichtsausdruck an und sagte: »Hau ab« und dann »Wie bist du hier hereingekommen?« Ich war über die Hintertreppe heraufgekommen, und er sagte mir, daß es keine offenen Stellen für Schauspieler, Schauspielerinnen, Doubles oder Kassierer gebe, aber ob ich so freundlich

130

wäre, die Vermieterin unten zu bitten, einen Krug Milch und ein Glas Porter heraufzubringen, so daß sie verdammt noch mal Mittag essen könnten. Und doch war er an diesem Abend der besessene Dracula, und das dunkle Zimmer, die bleiche Frau mit den Lockenwicklern und die quengelnden Kinder taten all dem keinen Abbruch.

Eine Geschichte von »Liebe und Mord«, so wurde *The Collegians* beschrieben. Für uns war es die Geschichte von Eily O'Connor, der Blume von Garryowen, die von Hardress, dem feschen Kollegstudenten, dem Hause ihres Vaters entrissen wurde. Jedes Kapitel hatte seine eigene verlockende Überschrift. »Von den Lustgärten von Garryowen«, »Wie Kyrle Daly losritt, um zu werben«, »Wie Eily O'Connor alle Einwohner Garryowens in Verwirrung versetzte …«, »Wie sich die Freunde trennten …«, »Wie die Versuchung von Hardress wuchs …« und immer so weiter. In der Nacht, als Eily ihr väterliches Haus verließ, bereits heimlich verheiratet, warf sie ihren blauen Umhang über die Schultern und trat hinaus ins Freie, »doch hatte sich schon Traurigkeit um ihr Herz gelegt wie ein schwarzes Segel«. Von diesem Zeitpunkt an war es ein Fall von Täuschung, Geringschätzung,

Trennung, bis schließlich zum Niedergang. An ihrem ersten Abend, während eines Sturms, fand sie Unterschlupf im Haus eines Freundes und mußte sich als Schwester eines Dieners ausgeben, ihr Gesicht verhüllen und oben in einem kleinen Zimmerchen sitzen, während unten ihr Mann mit seinem Freund und Rivalen Kyrle Daly speiste und Fragen der Ethik des Lebens erörterte. Eily schickte ihm eine Botschaft, in der sie ihn inständig bat, heraufzukommen:

Die Dienstmagd, die soeben dabei war, ihr das Haar zu trocknen und zu legen, spürte, wie bei dem Ton ihr Herz plötzlich schneller und lauter schlug. Sie strich sich die goldene Flut der Locken aus der Stirn und rannte mit geöffneten Lippen und erwartungsvoll geröteten Wangen nach hinten zur Tür. »Das ist er«, rief sie ihrem eigenen Herzen zu, derweil sie den Riegel aufschob. Es war nicht er. Das wettergegerbte, sommersprossige Gesicht des kleinen Buckligen war das erste, was ihr Auge erblickte.

Ebenjener Bucklige, den Hardress beauftragt hatte, sie zu beseitigen, »sie in den Fluß zu werfen« und wegspülen zu lassen. Er war ihrer überdrüssig geworden und hatte verfügt, daß sie tot aufgefunden werden solle. Aber ihr Geist rächte sich an seinen Gedanken.

Thackeray hat gesagt, daß jede winterliche Geschichte in ihm eine Art wehmütig zarter Stimmung hinterließe. Er bezog sich insbesondere auf *Castle Rackrent*, Maria Edgeworths Roman über eine Burg in Longford aus dem 18. Jahrhundert und deren niederträchtige Eigentümer. Das Leben, ähnlich dem vieler Landjunker, war sorglos aufwendig und schuldenreich, da jeder Eigentümer unbekümmert in den Tag hinein lebte. Die Tage bestanden aus Jagen, Schießen, Duellieren und endlosem Trinken. Der erste Besitzer, Sir Patrick, starb im Rausch, dann platzte Sir Murtagh eine Ader, während er sich mit seiner Frau über Geld stritt. Sir Kitt, pekuniär weniger gut gestellt, war gezwungen, eine verkrüppelte Jüdin zu heiraten, um seine Spielschulden zahlen zu können. Aber sie war auf der Hut und weigerte sich, ihre Mitgift herauszugeben, die aus den Tausenden von Diamanten bestand, die sie bei sich trug. Zur Strafe sperrte er sie in einen der großen feuchten Räume, wo sie ihre Zeit damit zubrachte, ihre Diamanten zu betrachten und das Schweinefleisch zu verzehren, das er ihr aus Bosheit zum

Essen schickte. Nach sieben Jahren kam der Tag ihrer Befreiung, nachdem man ihren Gatten im Anschluß an ein Duell um eine Liebschaft in einer Schubkarre nach Hause gerollt hatte. Dann kam Sir Condy, gleichermaßen unfähig und dem großzügigen Leben zugetan. Er erstand neue Pferde und Prachtkutschen, ließ in der Kaserne ein Theater errichten, schmückte seine Frau mit prächtigen Juwelen und gab rauschende Feste, bis er schließlich im Pförtnerhaus landete. Er starb, nachdem er ein Horn Whiskey getrunken hatte, um eine Wette zu gewinnen, bei der sein Gegner einige Guineen und er selbst nur einen Sixpence gewonnen hätte. Er starb im Vollrausch.

Auf jeden Fall war Trinken der Nationalsport, und Männer taumelten ständig durch Türöffnungen oder erleichterten sich an einer Mauer oder in einem Pub, singend und nach mehr grölend. Während der Messe, wenn der Pfarrer den Wein aus dem weißgoldenen Kelch trank, lief den jungen Burschen das Wasser im Mund zusammen, und sie wünschten, daß die Messe schon vorbei wäre und sie sich in die Kneipe begeben könnten. Ein Medizinstudent kam einmal besoffen nach Hause, fiel auf der Treppe dreimal hin, lallte, daß er den Gang zum Kalvarienberg spiele, und als er den flehenden Blick seiner Mutter sah, rief er: »Jesus begegnet seiner betrübten Mutter.« Die Männer lachten darüber, aber die Frauen sagten: »Ojemine!« Frauen tranken nicht – oder, wenn doch, dann Portwein bei einer Totenwache, gut verdünnt mit Fruchtsaft, damit es harmlos aussah und schmeckte. Ein Mann kam mal eines Sonntags aus dem Pub nach Hause, verlangte sein Essen, und als seine Frau ihm dann sagte, er sollte es sich mal schön selber holen, kam er mit dem Tranchiermesser und schlitzte sie vom Ellenbogen bis zum Handgelenk auf. Unter Alkoholeinfluß waren Männer zu allem fähig, und selbst einige Angehörige der Garda waren gestrauchelt, nach dem Bericht des Polizeidirektors, der einen seiner jährlichen, wiewohl unangekündigten Besuche abstattete:

Besuch der Wache im Rahmen meiner Bezirksinspektion. Sergeant M. Lennon 231 sowie die Wachmannschaft waren anwesend. Bei meinem Eintreffen saß der Sergeant unbeweglich da, stierte mich an und weigerte sich, die Mannschaft Aufstellung nehmen zu lassen. Ich gab darum selbst den Befehl zur Aufstellung, woraufhin Garda

O'Neill sich aufzurichten versuchte, dabei aber in den Kamin fiel. Ich verlangte vom Sergeanten eine Erklärung für die Situation, worauf dieser mir in einer Weise antwortete, die dem unflätigsten Straßenjungen der Londoner Slums gerecht geworden wäre. Ich durchsuchte die Unterkünfte und gelangte zu dem Ergebnis, daß am Vortage die Beschlagnahmung von Kartoffelschnaps erfolgt und dieser nunmehr von der Mannschaft konsumiert worden war. Das Dienstmädchen bewachte mit einem Knüppel bewaffnet den noch vorhandenen Rest und weigerte sich, diesen herauszugeben. Außerdem war sie im Besitz der Stationsbücher und weigerte sich, diese mir auszuhändigen oder sie auch nur einsehen oder prüfen zu lassen. Bei meiner Inspektion der Amtsräume fand ich das WC voller Polizeiakten, welche offensichtlich von der Mannschaft bei ihren dortigen Besuchen zweckfremd eingesetzt wurden. Aus der Zelle vernahm ich ein Geräusch und begab mich dorthin, um die Ursache festzustellen. Ich fand drei junge Damen vor, deren Aussagen ich zu Protokoll nahm. Sie führten Klage, daß sie beim Passieren der Unterkünfte von Sergeant Lennon, Garda O'Toole und Burke gewaltsam in das Gebäude verbracht worden seien, und zwar zu einem Zweck, den man sich besser vorstellt als mit Worten beschreibt. In der Küche fand ich Garda Burke. Dieser hielt mich an meiner Uniform fest und weigerte sich, mich

loszulassen, bis ich ihm versprochen hatte, ihm eine Geld-
buße in Höhe von fünf Pfund zu erstatten und die Unter-
lagen darüber zu vernichten. Als ich schließlich zur Vor-
derseite der Kaserne zurückkehrte, traf ich dort auf den
Sergeanten und beobachtete, wie er vom Vordereingang aus
nach vorn auf die Straße hinaus sein Wasser abschlug. Er
fing auf dem Fußweg stehend mit mir Streit an, wobei er
sein intimstes Teil entblößt hatte und jeder Silbe mit einem
Urinschwall auf die Straße Nachdruck verlieh. Beim Ver-
lassen der Wache sprach mich noch ein ortsansässiger
Kaufmann an und bat mich, die Mannschaft zu veranlas-
sen, von ihren im Laufe der letzten zwölf Monate gemach-
ten Schulden von insgesamt siebzig Pfund wenigstens
einen Teil zu begleichen. Insgesamt war der Zustand der
Station von Corofin ein einziger Skandal. Ich kehrte zurück
nach Tuam und suspendierte die gesamte Mannschaft
unverzüglich vom Dienst. Abschließend möchte ich meiner
Hoffnung Ausdruck verleihen, daß der Bezirkskommissar
dafür Sorge tragen wird, daß diese Männer sich ihrer
Geldschulden entledigen, bevor die Polizei sich ihrer ent-
ledigt.

5

EIN KLOSTER

Derartige Barbareien gab es nicht in den heiligen Gefilden des Klosters. Es lag vierzig Meilen entfernt am Rande eines Sees, der, laut Legende, eine frühere sündige Stadt verschlungen hatte. Das Städtchen war grau und irgendwie schäbig, und die Zeit schien langsam und ereignislos zu verstreichen. Durch das Tor zu gehen und dann zu hören, wie der Riegel von dem gebückten Pförtner geschlossen wurde, bedeutete, einen Weg einzuschlagen, den man fünf Jahre nicht mehr verlassen konnte. Die Eltern verweilten noch in der Empfangshalle und sprachen mit einer Nonne, und bestimmte mechanische Höflichkeiten wurden ausgetauscht. Dann wurdest du übergeben, und dein Schluchzen wurde von der Nonne mit brüskem und abstoßendem Optimismus abgetan.

Ab jetzt viel Platz – Pausenhalle, Klassenräume und Speisesaal, Regeln für alles und Namensschilder an allen Dingen, die einem gehörten. Die einzige Möglichkeit, dem zu entfliehen, war, wenn wir dreimal die Woche in der Morgendämmerung zur Messe in die Augustinerkirche gingen, und dort konnte man manchmal einen Blick auf den »himmlischen Priester« erhaschen, für uns unerreichbar in seinen wunderschönen Meßgewändern und mit seinem geheimnisvollen Latein. Ansonsten war es eine Welt von Frauen – Nonnen, Laienschwestern und kleinen Novizinnen, und überall sah man Schleier und gestärkte Kopftracht, die das Gesicht umrahmten und aus denen Augen und Nase hervorspähten wie aus einer Höhle. Die Augenbraue einer Nonne zu erblicken war verderbt und betörend, wie es Keats empfand, als er die Frau, die er liebte, mit unbehandschuhter Hand über die Vauxhall-Brücke gehen sah.

Sünden wurden stündlich begangen, Sünden in Gedanken, Worten, Werken und Unterlassungen, die Sünde, ein verbotenes Marmeladentörtchen, heimlich aus der Küche entwendet, zu essen, nein, es zu verschlingen, eine Nonne anzulächeln und dabei böse »Gedanken« über sie zu haben, wie etwa, ihre Hand leicht zu streifen, die Sünde, sich Kristallzucker in die Handfläche zu schütten und nach Herzenslust abzuschlecken, die gefürchtete Sünde, in den Spiegel zu schauen und dann darüber zu hauchen, damit es träumerischer aussähe.

Einmal im Jahr durften wir zum Jahrmarkt ins Städtchen gehen, aber das hatte eine Art von unausgedrückter Lustlosigkeit und Enttäuschung, teils wegen der matschigen Wiese, teils wegen des Winds (es war immer Oktober, wenn, wie man sagte, die Winde klagten), wegen der Männer in ihren Wintermänteln, der Frauen in ihren Filzhüten, der Fohlen und der Stuten, die sich wiehernd aufrichteten, wegen der unsicheren Schausprünge und der spartanischen Vergnügungseinrichtungen (es war Krieg); kurz, nichts entsprach so richtig den Erwartungen.

Eines der Dinge, die einen im späteren Leben quälen, ist die Sorglosigkeit, mit der wir die Älteren behandeln. Die Zeit ist unwiederbringlich. Da war das Paar, durch Vermittlung verheiratet, das immer noch die oberste Stufe des Hochzeitskuchens aufbewahrte für die Nachkommenschaft, die sich nicht einstellte. Die Frau stand, leise mit anderen Frauen redend, ein Stück entfernt unterm Schirm. Er blinzelte mir zu und sagte, aus mir würde bestimmt mal eine schöne Frau, dann blinzelte er mit dem anderen Auge, und das war's auch schon. Eine etwas »komische« Frau, die an den Fransen ihres Schals lutschte und bisweilen in Gelächter ausbrach, beschuldigte hin und wieder die Leute, daß sie ihr mit ihren Diamantringen Laufmaschen in die Strümpfe reißen würden. Nur, daß weit und breit kein Diamantring zu sehen war, lediglich die braunen Filzhüte, die gesprenkelten Tweedkostüme und Broschen, die wie echte Käfer oder Spinnen aussahen, Broschen, die in jenem Jahr Mode waren. Die komische Frau kam gerade aus Lourdes zurück und beschwerte sich, daß jeder in demselben Wasser baden mußte und wie unhygienisch das war. Dann vergrub sie ihr Gesicht wie ein kleines Mädchen in ihrem Pelzkragen, wärmte sich darin. Ich sah sie zwanzig Jahre später in einer Heilanstalt wieder, wo sie mich um eine »Lulle« bat, und sie war gut gelaunt, da sie an dem Tag nicht auf dem Hügel dabeigewesen war, als ein Pferd durchging und die Frauen so hysterisch wurden wie die Kinder, die sie beschützen wollten. Hier und da war auch ein feiner Pinkel dazwischen, der ein Fernglas oder einen Spazierstock hatte, und ein Mann mit schwarzem Bart hob sich durch einen verblichenen grünen Umhang von den anderen ab.

Als Stärkung gab es Limonade, Äpfel, Kekse mit Mokkageschmack und einer Mokkaglasur, um den Guß leicht im Mund schmelzen zu lassen, so daß die beiden Kaffeeanteile richtig geschmeckt und vermischt werden konnten. Die Äpfel rochen nach nichts Besonderem da draußen, aber im Kloster, kurz vor Halloween, kamen Unmengen von Paketen an, die im kleinen Sprechzimmer der Nonnen aufbewahrt wurden, und wenn man daran vorbeiging und sie verschwommen durch die Milchglasscheibe der Tür sah, fühlte man sich sofort in den reichsten aller Obstgärten versetzt. In der Tüte eines jeden Mädchens fanden sich, neben anderen Leckereien, ein Rosinenkuchen und Äpfel, und für ein paar Tage erhielt das Kloster einen anderen Geruch und damit auch eine andere Stimmung, in der Gebete und Disziplin und Bohnerwachs nur noch die zweite Rolle spielten und Naschen ausdrücklich goutiert wurde.

Einmal, nach einem Nasenbluten, nachdem man mich auf den rotgekachelten Fußboden gelegt und mir Schlüssel und Schlüsselbunde über den ganzen Körper verteilt hatte, wurde ich in das kleine Vorzimmer gebracht, und man sagte mir, daß ich ein braves Mädchen sei, und zur Belohnung bekam ich ein Glas lauwarme Milch, die ich haßte. Als die Schwester aus dem Raum eilte, um jemandem zu verbieten, in der Pausenhalle Klavier zu spielen, schlich ich mich in Reichweite der drei Topfpflanzen – eine Rizinuspflanze, ein Frauenhaar und ein Fleißiges Lieschen – und begoß jede von ihnen mit dem lauwarmen Zeug. Während ich mich noch mit dem Rest im Glas beschäftigte, sah ich aus den Augenwinkeln, wie die milchige Flüssigkeit durch den Boden der Tontöpfe in die Untersetzer sickerte. Würde sie es merken?

»Hast du dir überlegt, was du mal werden willst?« fragte sie mit einer gewissen Schüchternheit. Fast, als ob sie kokettierte. Oh, ihr zu gefallen und den Weg in ihr hartes Herz zu finden und gebeten zu werden, ihr kleine Gefallen zu tun, wie ihre Bücher tragen oder ein Fenster öffnen oder schließen oder die Tafel putzen, oh, oh, ihre Sklavin zu sein!

»Eine Nonne«, sagte ich schneller und aus tieferer Seele, als ich je zuvor etwas gesagt hatte. Der Gedanke an eine Berufung tanzte vor meinen Augen; wie ein Banner, so schlug das Wort Wellen – und mit ihm die Vision von einer jungen Novizin mit durchsichtigem Schleier, mit einem Fuß in der Welt und mit dem anderen tiefer und tiefer in die Nebel der Geistigkeit versinkend, auf den »unvergeßlichen Tag« zu, an dem man die letzten Gelübde ablegen und von der Außenwelt abgeschnitten würde, von der Familie, von Vergnügungen, von Männern, von irdischer Liebe, von Bussen, Geschäften und Cafeterias, vom Leben.

»Eine Nonne«, sagte sie stolzgeschwellt. Während mir die Tränen in den Augen standen, so dickflüssig wie Glycerin, wenn auch nicht so nahrhaft. Von da an herrschte das geheime Einverständnis, daß ich eine Nonne werden würde, und somit übertrug man mir besondere Pflichten, wie leise zu gehen, leise zu sprechen, in der Kapelle zu bleiben, nachdem die anderen – dieser bunt zusammengewürfelte Haufen – abgezogen waren, mir selbst die Marmelade am Sonntag zu verbieten, mein Haar straff aus der Stirn zu kämmen und somit Locken und hübschem Aussehen zu wehren, Abführtee zu trinken, ohne das Gesicht zu verziehen, keine ergötzlichen Liebesgeschichten in den Zeitschriften zu lesen, die einige Tagesschülerinnen mit hereinbrachten, nur nach Hause zu schreiben, wenn es einem erlaubt wurde, und die Gedanken auf solche Dinge zu lenken wie die Visionen der heiligen Margaretha Maria Alacoque und auf die Prüfungen der Heiligen.

Die Eltern schienen nicht länger zu existieren, oder vielmehr waren sie wie Leute geworden, die einen lediglich geboren hatten und zu denen man gewisse fossile Gefühle hatte, genau wie eines Tages diese Nonnen – die nächste Ausgabe von Eltern – in den Hintergrund treten und einer anderen Autorität Platz machen würden und diese wieder einer anderen.

Am Samstagabend las uns die Oberschwester etwas von moralischer, religiöser oder politischer Bedeutung vor. Dabei erfuhren wir dann, wie die heilige Brigitte von Opaco ihre Bestimmung fand, indem sie zu ihrem sterbenden Bruder in der Toskana eilte, aber nicht wie eine gewöhnliche Reisende, sondern sie saß gerade bei einer Mahlzeit von Kräutern und kleinen Fischen, als ein Engel erschien und sie über das Meer brachte. An Ort und Stelle wurde ihr dann mitgeteilt, daß sie dem irdischen Leben entsagen und sich in eine Höhle zurückziehen solle, um dort in Abgeschiedenheit und Buße zu leben. Oder uns wurde erzählt, wie in der Nähe von Jaffa Bomben gefallen waren, dieser alten Stadt aus der Bibel, und wie diese Bomben die Fenster eines Franziskanerklosters zertrümmert hatten, ganz in der Nähe der Stelle, »wo Sankt Peter einst so wundersam im Hause Simons des Gerbers weilte«. Das nächste Thema war vielleicht, daß Fischer auf Neufundland, wenn sie fühlten, daß sie ihr Augenlicht verloren, eine Dorschleber aßen oder daß das arme Polen, die Schwester des lieben Irland, in Tränen aufgelöst war, leidend für Glauben und Vaterland. Und überall in Europa herrschte Mangel an Speck. Dann wurden wir vor der Literatur gewarnt, man sagte uns, daß die modernen Autoren mit giftiger Feder Unbescheidenheit schilderten, in flammender Bildhaftigkeit die obszönsten Details aufzeichneten, die schlimmsten fleischlichen Laster mit feinsinniger Analyse beschrieben und in brillantem und verlockendem Stil ausschmückten, so daß nichts unangetastet blieb. Nun, da ich ihr Liebling war, trug ich ihre Bücher und die Wochenzeitung zurück zu ihrem Pult, in das kleine Vorzimmer, und dort las ich heimlich einen schockierenden Brief, in dem die Vertretbarkeit von Aktstudien, Sonnenbädern, Luftbädern und Gymnastikübungen mit Teilnehmern beiderlei Geschlechts erörtert wurde. Die kategorische Meinung dazu war, daß die moderne Bildhauerei mit ihren nackten oder kaum verhüllten Statuen oder die Fotografien alle höchst gefährlich seien und ein ausgedehntes Hinschauen auf solcherlei Dinge ohne einen gerechtfertigten Grund gewöhnlich eine äußerst schwere Sünde sei. Wenn nun zu einem solchen Thema ein Gemälde angefertigt werden müsse, dann sei es angeraten, daß alle Vorsichtsmaßnahmen getroffen würden, eingeschlossen das Verhüllen der Geschlechtsteile, das Vermeiden gemischter Klassen und das Unterbinden von derben Späßen; Sonnenbäder und Luftbäder, die von beiden Geschlechtern ohne Kleidung genommen würden, seien fruchtbare Quellen der Sünde, hieß es da, und Gymnastik ein Angriff auf das Gebot der Sittsamkeit.

Ich las den Brief, ohne es eigentlich zu wollen, dann ging ich weiter die Treppe hoch ins Bett, mit fest geschlossenen Beinen, zusammengepreßten Händen und so dicht angelegten Armen, daß nicht einmal ein kleiner Floh dazwischen hätte kriechen können. Die gleiche Routine – Schuhe draußen vor der Tür des Schlafzimmers ausziehen, strategisches Entkleiden unter dem Schutz des Morgenrocks und unter derselben Deckung sich in einem Bassin mit kaltem Wasser waschen, in sein Nachthemd schlüpfen und weitere Nachtgebete von sich geben.

Die meisten der Betten quietschten, und einige der gröberen Mädchen hüpften auf und ab, um damit um so mehr darauf aufmerksam zu machen. Manchmal wurden einem in der Dunkelheit heimlich Kuchenstücke, ein Keks oder eine Kirsche gereicht, und das Vergnügen, das Verbotene zu essen, wurde nicht unerheblich durch die Erkenntnis der damit begangenen Sünde geschmälert, die Sünde, für die an einem Totensonntag in ferner Zukunft eine Seele in der Gemeinschaft anderer Seelen zwischen Leben und Tod würde beten müssen.

Samstags morgens gab es immer die Tassen mit heißem Abführtee und anschließend einen großen Ansturm voller Besorgnis auf eine der vier Toiletten auf den vier Treppenabsätzen. Überall Schlangen, Mädchen, die ihre Hände auf die Bäuche preßten und schworen, daß sie es nicht halten konnten, so daß sie als nächste drankommen mußten, grimmige Schläge an die Tür, während sie Probleme mit der defekten Spülung hatten. In ihrer Not spülte ein Mädchen einen rosa Zehn-Schilling-Schein runter, und als die Oberschwester zufällig mal erwähnte, daß das Geld ja nur so wegfließe, brachen alle in Gelächter aus, aber keine konnte es erklären, trotz ihrer wiederholten und strengen Nachfragen. Sie vermutete eine gemeine und unziemliche Verschwörung, und zur Strafe mußten wir am nächsten Tag im Unterricht stehen, und diejenigen, die husteten, wurden ausgesondert und mußten neben dem Lehrerpult den anderen Schülerinnen gegenüberstehen.

Sonntags Marmelade. Ich sehe sie noch vor mir. Eine dünne, wäßrige Rhabarbermarmelade von rötlicher Farbe. Sie lief über den Rand des Brottellers und quoll zwischen den Scheiben des schmalzgebackenen Brotes heraus, die die Laienschwester hastig geschmiert hatte, bevor sie sich ihren anderen Aufgaben zuwandte. Sonntag war schön, denn es gab die Marmelade, einen langen Spaziergang rund um die Stadt, und abends konnten wir mit kleinen Ungehörigkeiten durchkommen, wie dem Tragen einer weißen Bluse oder sich einen Scheitel ins Haar zu ziehen. Mädchen verliebten sich ineinander, hielten sich an den Händen oder schlangen die Beine unter dem langen Tisch ineinander, während sie unaufhörlich an den kleinen Beichtstuhl, die malvenfarbenen Vorhänge, die Schiebetür und die peinlichen Kreuzverhöre des Beichtvaters dachten. Mädchen verliebten sich in Nonnen, und die Nonnen machten eine nach der anderen entweder zu Lieblingen oder zu Opfern, wie es ihnen gerade gefiel, und waren selbst von schlimmsten Launen geplagt, wahrscheinlich infolge ihrer eigenen Probleme und der Regeln, denen sie genügen mußten, Regeln, über die wir nichts wußten. Ich schaute oft meine Lieblingsnonne an, überlegte, wieviel oder wie wenig Haarstoppeln unter ihrer Haube verborgen sein mochten, und dachte höchst unpassenderweise an das, was ich über Raucherbelag gelesen hatte und wie man prüfen könnte, ob man ihn hatte. Man mußte sich mit der Zunge durch den Mund fahren und schauen, ob das ein rauhes pelziges Gefühl war, in diesem Falle war man vom Raucherbelag befallen, und der färbte die Zähne. Wenn ihr Haar wieder wachsen würde, wäre es wie ein kleines Fellstück. Mein Kopf stellte solche Vermutungen an, während sie mich fragte, wie es denn mit meiner Beru-

fung stünde, oder aus ihrer Tasche ein Marmeladentörtchen zog, das sie für mich aufbewahrt
hatte. Oft fühlte ich, daß wir uns küssen oder
weinen könnten, aber das taten wir nicht.

Nicht weit entfernt war das County Home, ein
Altenheim: Männer und Frauen lebten in getrenn-
ten Quartieren, beteten, saßen im Park, pflanzten
ein bißchen oder hackten, nähten, sammelten sich
zu den Mahlzeiten, manche ein bißchen trottelig
im Kopf, Nachzügler, die von den Nonnen ausge-
schimpft wurden, freuten sich auf den Freitag, den
Tag, an dem sie ihre Pension ausgezahlt bekamen.
Sie kauften Pfefferminzbonbons und Kautabak.
Mir mit meiner Berufung, die mir über meinem
Kopf geschrieben stand, wurde erlaubt, dort eine
Nonne zu besuchen, die eine entfernte Verwandte
war. Sie war klein und begeisterungsfähig und
voller Leben. Es war die reine Wonne, mit ihr
in einem kleinen Raum Tee zu trinken, ihn aus
braungemusterten Porzellantassen zu trinken und
das Sägemesser zu beobachten, wie sie es in
den vollkommenen Biskuitkuchen schob; einfach
wundervoll, an ihrer Freundlichkeit teilzunehmen,
all ihre Fragen zu beantworten, obwohl sie immer
schon die nächste Frage stellte, und so ganz nach

Herzenslust zu essen. Einmal sagte sie, wenn sie all die Wechselfälle vorausgesehen hätte, nein, sie würde ihr Leben nicht noch einmal von vorn so leben, und ich, voller Erdbeeren und Ferienerwartung, hatte nicht die leiseste Ahnung von dem, was sie da sprach, ich bewunderte sie nur.

Der Tag der Schulaufführung war, weil wir sie in eigener Regie durchführen konnten, für alle wunderbar. Die Klassenräume wurden in Garderoben verwandelt, Tafeln dienten als Kleideraufhänger und wurden mit Kopftüchern und bestickten Kostümen behängt, während Staublappen und Kreide in irgendeine Ecke flogen. Der dominierende Geruch kam von Aufregung, Schweiß und Pond's Gesichtspuder. Ich trug eine lange Toga und rezitierte immer wieder: »Mitbürger! Freunde! Römer! Hört mich an.« Meine Lieblingsnonne stand hinter den Kulissen und betete für mich, während ich Cäsars Tod beklagte und die anderen Mädchen hinter der Bühne lachen und schimpfen hörte, als sie in Kostüme stiegen, die sie nicht gewohnt waren.

»Was Menschen Übles tun, das überlebt sie«, sagte ich, machte dann eine Pause, um mein gebanntes Publikum anzuschauen. Nie habe ich eine solche Stille erlebt, und genau dann sagte meine Nonne hinter den Kulissen: »Bravo.« Anschließend tauschten wir Geschenke aus, meins war eine viertelpfündige Pralinenschachtel mit zwei tanzenden Eisvögeln auf dem Deckel, und ihres für mich war eine illuminierte Karte mit gezacktem Rand, auf der sie mir meine zukünftige Rolle als Braut Christi vorhersagte. Dann kitzelte sie mich an den Zehen, und wir lachten, und dann wurde es Zeit, feierlich zu sein, denn wir nahmen Abschied für die Weihnachtsferien.

Die Welt draußen und die wogende Landschaft schienen Schönheit auszustrahlen, und selbst die Hügel schienen zu atmen. Diese Befreiung, die Rückkehr in die normale Welt, all die Entbehrungen waren das wert gewesen. Da war die Stechpalme mit den Beeren, genau wie in einer glücklichen Weihnachtserzählung, da waren die Winterzweige, erfüllt mit dem Versprechen des Lebens, und das Rotkehlchen, das zwitschernd oder nicht zwitschernd von Hagedornbusch zu Schlehdornbusch, vom jungen Setzling zum gewaltigen Winterbaum flog; da waren Felder, frisch mit Reif glasiert, und bald würde es den Zuckerguß auf einem Kuchen geben und die zerbrechlichen kleinen Eisspiegel auf einer Pfütze, und wir fünf Mädchen in einer Mietdroschke würden beim Anblick der nikotingefärbten Finger des Fahrers lachen und jauchzen. Irgendwie ahnte man, daß man Weihnachten rauchen würde, einen ganzen Abend lang zum Tanz gehen und sich im Walzertakt oder im Cancan-Schritt immerzu drehen und drehen und mit einem Geheimnis ins Kloster zurückkehren würde, das man mit Lydia teilen konnte, dem Mädchen mit dem cremigen Hals und der langen Mähne, die sie manchmal zusammenrollte und dich damit schlug, als ob es eine Gerte wäre.

Wenn die Heimkehr das allerunvergleichlichste Ereignis war, dann kam einem die Rückkehr einen Monat später wie die allerschlimmste Strafe vor, weil es an diesem Tag regnete und einem jämmerlich zumute war bei der Vorstellung von zwölf weiteren Wochen mit Schmalz, kalten Fluren, Beschuldigungen und dem Abgeschnittensein vom Herdfeuer des Lebens. Keine Möglichkeit mehr, nachts hinauszugehen und zu den Sternen aufzuschauen, zum Busen der himmlischen Meere.

Im nächsten Jahr oder dem darauffolgenden hatte ich das Privileg, Unsere Liebe Frau von Fatima zu

spielen, und mein himmlisches Podest bestand aus
sechs Butterkisten, die mit blauem Tüll bedeckt
waren. Eine Woche lang wurden immer wieder
Vorhänge aufgerissen, und ich erschien als Vision,
während unter mir, auf der irdischen Bühne, kleine
Kinder zu mir aufbeteten und um Prophezeiungen
für Portugal und die Welt baten. Es war eine Rolle,
die vollkommene Bewegungslosigkeit erforderte.
Unsere Liebe Frau verharrte dann auch ganz still,
bis auf den letzten Abend, als sich infolge anstren-
genden Stehens, Lampenfiebers und des Schwan-
kens der Butterkisten, die nicht ordentlich befestigt
waren, ein unkontrollierbares Zittern ihrer bemäch-
tigte und ich wie Humty-Dumpty herunterkugelte,
sehr zum Mißvergnügen von Mitwirkenden, Nonnen und besuchsweise anwesendem Laienvolk. Die
Vorstellung wurde nicht weitergeführt, und im
Schlafraum, mir meine Scham verkneifend, hoffte
ich, daß niemand kommen würde, mich zu bemit-
leiden, und daß niemand die Sache je wieder er-
wähnen würde und daß ich einfach vom Antlitz der
Erde verschwinden könnte. Ich fragte mich, ob es
nicht eine Strafe für eine Sünde war, die Sünde der
Hoffart, die Sünde der Eitelkeit, Eitelkeit wegen der
allabendlichen Bewunderung meines blassen ein-

gecremten Gesichts und meines Körpers, der in ein wunderschönes Blau gehüllt war, und des Gefühls der Wichtigkeit, für die Hauptrolle ausgewählt worden zu sein. Ich schaute auf eines der vielen Bilder der Jungfrau an der Wand und erkannte, daß sie nicht länger so zu mir sprach wie damals, als ich ein Kind war. Die Visionen schwanden.

Im folgenden Sommer verabredete sich ein Bursche mit mir, der aushilfsweise in der Molkerei arbeitete, und eines Abends, an ein eisernes Tor gelehnt, hörte ich von A. J. Cronin, derweil der liebende Schäfer herumfummelte – zuerst am rotbraunen Rock, dann an den Strumpfbändern, dann an den gesäumten Strümpfen und schließlich an den blauen knielangen Seidenhöschen. Ich wurde starr wie Eis, woraufhin er fragte: »Warum trägst du auch solche Höschen? Warum donnerst du dich so auf? Warum diese Anmache?«, und ich konnte nur sagen, daß ich es auch nicht wüßte, und die Begegnung fand ein abruptes Ende.

»Du bist früh zurück«, sagte meine Mutter. Mir war sehr verdrießlich zumute. Sie fragte, was um Gottes willen in mich gefahren sei, da ich nicht mehr das fröhlich sprudelnde kleine Mädchen war. Ich verlangte Pfirsiche. Im Schrank oben war eine riesige

Dose mit halbierten Pfirsichen, und nur diese Pfirsiche, wie sie meine Kehle hinunterglitten, konnten meine Sehnsucht stillen. Sie fragte, ob ich eventuell verrückt geworden sei. Ich wüßte doch, daß sie nicht geöffnet werden durften. Sie waren dort seit Jahren, ein Erbstück, nicht zum menschlichen Verzehr gedacht, sondern Schmuckstücke, auf die man stolz sein konnte wie auf die guten Tassen, die guten Gläser oder die Gipsfiguren der Pariser Damen. Zorneswut durchströmte mich wie Ausschlag, und in diesem Augenblick wußte ich, daß ich keine Nonne werden würde, lieber würde ich ein Filmstar und würde mir eine Dauerwelle machen lassen, auf einen Plisseerock sparen, hohe Absätze tragen, Parfum und pelzbesetzte Handschuhe. Deutlich hörte ich W. B. Yeats mir zurufen:

> *Komm mit, fort, o Menschenkind!*
> *Wo die wilden Wasser sind,*
> *Hand in Hand mit den Feen,*
> *denn die Welt hat mehr der Tränen,*
> *als du kannst verstehn.*

Doch ich stellte mich taub.

6

DUBLIN'S FAIR CITY

Der geheimnisvolle Reiz des finsteren Waldes und des Haselnußwäldchens machten einem Verlangen nach glitzernden Lichtern Platz. Die höchste Freude an einem heimlichen Spiel war vergangen – dem Spiel, sich allein in einen Raum zu begeben und Schuhen irische und englische Verse beizubringen. Es war kein Erlebnis mehr. Genausowenig wie das andere Hobby, Ausschnitte von Filmstars zu sammeln und mit ihnen doppeldeutige Gespräche zu führen. Man konnte ja nicht immer dort bleiben, bei den Bildern und bei dem Seufzen des Kaminfeuers und der Menschen, oder Zeuge sein bei der unheimlichen und engen Beziehung eines Mannes und einer Frau, die sich nicht verstanden, sich anknurrten, doch manchmal in einem anderen Raum für zwei oder zwei-

einhalb Minuten vereint waren und dabei Laute
ausstießen, die nahe an Verzweiflung grenzten.
Weggehen. Wegrennen, wenn es nötig wäre. Ein
großes Tuch über all diese Dinge, Seufzer und
Geräusche decken, die Stimmen und das Gebrüll
vergessen, eine Nachricht hinterlassen, auf der
steht: »Ich bin mit den Zigeunern weg, faria-faria-
ho.« Eine kleine Aktentasche packen und die Ein-
fahrt hinuntertragen, den Zeigefinger über dem
Deckel, falls die Schlösser aufschnappen sollten,
ein grausames hochmütiges Lebewohl zu jedem
Orientierungspunkt sagen, aus Bosheit auf die
unschuldigen Giftpilze und Stäublinge treten, auf
die Esche einschlagen, jenen Baum, von dem die
Stöcke kamen, mit denen man Menschen und
Tiere schlug. Lebewohl den bescheidenen Erd-
hügeln, dem Kreuzkraut, den Hühnerhöfen, den
schläfrigen Hennen, Lebewohl den Äckern, Lebewohl dem grünen Tor, an dem der Riegel klemmt,
ein Lebewohl den Geistern, in denen die Saat alles
zukünftigen Lachens, aller Ausgelassenheit und
aller Schmerzen schon gelegt war. Ein Lebewohl
der unauslöschbaren Vergangenheit.
Dublin war es, worauf ich mich zubewegte und
wo ich schließlich mit dem Zug ankam, den Kof-

fer mit Schnur verstärkt, den Kopf voller Phantasien, mir vorstellend, daß mein Schicksal wie das
einer Romanheldin sei, die, aus Munster hergekommen, in der Stadt dahinsiechte, »denn die
Schwindsucht hat kein Mitleid mit blauen Augen
und goldenem Haar«.

Dublin's Fair City – das schöne Dublin. Ich wußte
nichts von A. E. und George Moore, dachte, daß
Yeats glücklich an einem Ort namens Innisfree
weilte (wo auch immer das war), wußte, daß der
selige Matt Talbot, der Bauarbeiter, zusammenge-
brochen und mit einer schweren Kette um den
Leib dem Tode anheimgefallen war, wußte, daß
Sean O'Casey über Menschen in Wohnblocks
geschrieben hatte, genau in den Straßen, auf denen ich zur Kirche radelte, um an der neuntägigen
Andacht der immerwährenden Anbetung teilzunehmen. Zu jener Zeit quoll Dublin über von
Fahrrädern, und als meins einmal gestohlen
wurde, dachte ich, daß ich es niemals zurückbe-
kommen würde, und als ich dann Wochen später
zur Polizeistation gerufen wurde, um es zu identi-
fizieren, war ich ratlos. Alle Fahrräder waren so
gleich mit ihren abgewetzten, vom Regen aufge-
weichten Sätteln, ihren zerbeulten Schutzblechen

und ihren kleinen stumpfen Rücklichtern. Zu meinem Glück hatte es eine Nummer und wurde mir zurückgegeben, so daß ich wie zuvor weitermachen und meinen Weg unsicher durch die O'Connel Street nehmen konnte, um pharmazeutische Vorträge in der Mount Street zu hören. Es gab da einen geläufigen Spruch über schlechtes Fahren und gefährliche Straßen, und ich sagte ihn auf, um mir selbst Gesellschaft zu leisten:

> *Mancher stirbt an der Liebe,*
> *mancher für sein Vaterland;*
> *ich aber finde meinen Tod*
> *durchs Dubliner Gemeindeamt.*

Hätte ich gewußt, daß Yeats den Weg der Maud Gonne durch die Straßen wie den einer brennenden Wolke beschrieben hatte, ich wäre mit einem Gefühl der Verehrung und des Nacheiferns vom Fahrrad gestiegen und hätte einen kleinen Vers für sie aufgesagt. Tagsüber in der Drogerie zu arbeiten und abends zu Vorträgen zu gehen war ein rein weltliches und vorübergehendes Streben, ich konnte mich nicht entscheiden, ob ich eine Studentin oder eine Abenteurerin werden sollte, zumal ich für beides kaum die nötigen Voraussetzungen mitbrachte, abgesehen von einer Haarmähne und einem weißen Herrenschal, den ich für zwei Pence in einem Leihhaus gekauft hatte.

Das Leihhaus war in der Nähe des Parnell-Denkmals, und eines Abends, als ich mit einem Begleiter – einem Bäckerburschen von Johnson, Kennedy O'Brien – von einem Tanz nach Hause kam, machten wir noch einen Schaufensterbummel, und da lag in dem Leihhaus, wie auf dem Präsentierteller, eines der zwei Kleidungsstücke, die ich einmal besessen hatte und in denen er mich schon mal gesehen hatte – mein leuchtendkarierter Faltenrock. Wir gingen weiter zum Schlachter, schauten uns die Fleischstücke mit ihren Fettkragen an und lasen die verschiedenen raffinierten Vorschläge für das Sonntagsmenü. Danach schauten wir auf die Auslagen beim Optiker, und die Lupen erinnerten einen an alte Männer, die sich über dicke Schmöker beugten. Dann ein Süßwarengeschäft voll mit leuchtenden runden Dosen mit Harlekinen auf dem Deckel und mit einem Sortiment von Bonbons darin, alle aus Holz zwar, aber wunderschön mit Silberpapier umwickelt und dann in rotes Cellophanpapier eingedreht. Wir waren fast immer hungrig, und beim Anblick dieser Lebensmittelgeschäfte dachten wir daran zurück, wie wir uns damals zu Tisch gesetzt hatten, unsere Servietten auseinanderfalteten, die Soße rochen und, in jenen abstinenten Tagen, Wasser aus einem großen Krug in leicht gefärbte Gläser gossen, in denen es dann einen leichten Blauschimmer bekam. Ich hatte damals lediglich Himbeerwein probiert, und dessen frischer süßer Geschmack begann mir langsam über zu werden. Der Bäckerbursche war ein Hurlyspieler, so wie alle guten Partien. Im Croke Park spielte man sonntags Hurly, ob bei Regen, Hagel oder Schnee. Wir kamen immer schon Stunden zu früh, schon außer Atem, in Erwartung des Spiels, um den verschiedenen Helden zuzusehen, wie sie herumschlitterten, um Punkte oder Tore zu erzielen, manchmal auf dem Platz im Streit gerieten und handgreiflich wurden. Dieses Vergnügen war etwas, was nicht weit von physischer Ekstase entfernt war. Der Bäckerbursche hatte sich aus dem Staub gemacht, aber es gab genug andere faszinierende Männer, und es war schwer zu sagen, welcher am besten aussah, wer der King war. Wir lungerten vor ihren Umkleidekabinen herum und hörten drinnen das Wasser plätschern, wenn sie sich duschten, und verloren dann unseren Kopf oder die Courage, wenn sie rauskamen, denn niemals drängten wir uns zu ihnen vor mit den Autogrammheftchen oder dem zerdrückten Veilchen, das zu geben wir uns heilig versprochen hatten. Statt dessen und eher schleppend folgten wir ihnen die verschiedenen Straßen entlang zu dem Hotel, von dem bekannt war, daß sie dort einen kippten und sich mit ihren Liebsten trafen oder auch auf ein Glas, bevor sie zu irgendeinem Tanz oder Schwoof gingen. »Komm her, Fräuleinchen, und ich zeige dir, was Leben heißt«, sagte ein Mann, indem er mich am Arm packte, und ich rannte schutzsuchend auf das Damenklo und blieb zitternd dort, wissend, daß er auf der Lauer lag. Meine beste Freundin hüpfte innerlich vor Freude auf und ab, denn sie hatte gerade ihre Tage bekommen und schaute nun ins Klobecken und erklärte feierlich, daß wir Hurlyspieler und Mannschaftskapitäne kennenlernen würden, daß wir mit Leuten vom Pferderennen Freundschaft schließen und in der Welt herumkommen würden. Nie zuvor hatte sie so frohlockt. Sie hüpfte vor Freude, aber was sie in der Kloschüssel als die Spuren ihrer eigenen Menstruation erblickt hatte, muß wohl von jemand anderem gestammt haben, denn drei Monate später verlor sie ihre Stelle und wohnte als Kostgängerin bei einer bigotten Frau, die ihr die ganze Zeit Vorhaltungen machte und sie ständig kritisierte, und sie durfte nicht aus dem Haus, außer zu einem kleinen Verdauungsspaziergang am Abend und in Begleitung ihrer Aufpasserin. Ich besuchte sie sonntags, ohne direkt über das zu sprechen, was da mit ihr geschah. Ich konnte sehen, daß das eine Kleid, das sie hatte, ein schwarzes mit applizierten Rosen, sich über ihrem Bauch spannte, und sie hielt Münzen bereit für das Flurtelefon, und die Nummer der Entbindungsstation stand auf einem kleinen Zettel, den sie las und dann zusammenfaltete, bis er die Größe eines Fingernagels hatte. Aber wir sprachen über Mode. Wir waren verrückt nach Mode. Sie sagte, daß wir bald echte Modepuppen sein würden, wenn wir bloß stricken könnten. Der zukünftige Vater wurde niemals erwähnt, kam nicht vor, außer als der ursprüngliche, heimliche Anstifter in dieser aus Ausflüchten und Buße bestehenden Geschichte.

In der Apotheke, in der ich meine Lehre machte, waren meine schmeichelhaftesten Kunden die Taubstummen aus der nahen Anstalt. Sie kamen und lungerten den ganzen Tag herum und wandten sich mit Zeichensprache und Schafblicken an mich, machten mir ihre Absicht klar, nämlich daß sie nie weggehen würden, vielmehr Malzbonbons wollten und meine Hand drücken und sich vorstellen, verliebt zu sein. Alle Altersklassen waren vertreten, aber die Ältesten blieben am längsten und gestikulierten am meisten mit den Händen, ein Wirbel von Händen, sich bewegenden Lippen, Spucke, Aufregung und flehenden Augen. Ich hatte zwei weiße Kittel, einen mit den traditionellen Aufschlägen und den anderen mit einem hohen gestärkten weißen Kragen, den man am Hals zuknöpfte und der mir das Aussehen einer Krankenschwester in einem romantischen Film verlieh. Es gab keinen Zweifel, welchem der Kittel sie den Vorzug gaben, und sie klatschten, wenn ich ihn trug, besonders dann, wenn er frisch gestärkt aus der Reinigung kam.

Manche Nachmittage versickerten einfach, und man verbrachte die Zeit damit, Glaubersalz für Viertelpfundpäckchen abzuwiegen oder Wurmpulver in kleine Umschläge zu sieben oder Preisänderungen in die große Liste für Extraausgaben einzutragen. Das Leben stand still. Dann wieder war der Laden auf einmal voll, Kinder, die für zwei Pence Terpentin wollten oder Gentianaviolett gegen Mundfäule, Männer, die auf Medizin für den Magen warteten und ein bißchen gereizt pfiffen, Babys, die zum Wiegen gebracht wurden und unerträglich schrien, wenn sie in die kalten Messingwaagschalen gelegt wurden. Da waren Leute, die den Film in ihren Fotoapparaten gewechselt haben wollten, das Telefon klingelte, Hausfrauen, die ihre Wochenbestellung hereingaben, man selbst versuchte, hundert Dinge zu tun, und in diesem schrecklichen Getöse saßen die Taubstummen lächelnd auf ihrem Hintern, froh, daß der Laden lief, denn das bedeutete noch einen Malzbonbon, wenn sich der Raum wieder geleert hatte.

Über dem Laden wohnten die Besitzer, und zum Tee ließen sie sich immer eine Kuchenplatte aus den Feinkost-Molkereiprodukten nebenan kommen. Nichts war so verführerisch, wie sie aufgedeckt zu sehen, manche mit Zuckerguß, manche mit Puderzucker, bei manchen drangen die Früchte oder die kandierten Schalen durch die Ritzen, und das Serviertablett war für vier gedeckt. Ich wartete oft, wenn das Dienstmädchen es wieder heruntertrug, begierig darauf zu sehen, was übriggeblieben war, und wenn ich Glück hatte, stibitzte ich ein Stückchen oder wenigstens die Krümel, die durch das Papierdeckchen auf den Teller gefallen waren. Eines Tages, im Lagerraum, als ich eine Ballonflasche mit irgend etwas holen wollte, kam der Chef rein, um etwas zu fragen, und als ich versuchte zu antworten, fielen Marmelade, Mokkasahne und Krümel aus meinem Mund. Die Scham darüber erinnert mich heute an eine Geschichte von Tschechow der einmal in einem kleinen Moskauer Restaurant eingeladen war und plötzlich einen Mundvoll Blut ausspuckte. Ich hatte Tschechow zufällig entdeckt und fand in ihm die ehrlichste Stimme, die ich jemals gekannt hatte. Entdeckte die geistige Nahrung des Lesens und vielleicht des Schreibens. Ich glaube, die Erinnerung und das Durcheinander von Erinnerungen, in einem einzigen einsamen und aller Hoffnung beraubten Augenblick komprimiert, ist der stärkste Verbündete, den ein Mensch besitzen kann. Je weiter ich mich von der Vergangenheit entfernte, desto deutlicher kehrte ich in meinem Inneren zurück, malte mir Wiesen aus, Gräser, ein Tier, das sich in den Dornbüschen verfangen hatte, Hexenspucke, den Einbruch der

Nacht und die Art, wie Hunde mit ihren Körpern die Farbe von der Hintertür abschabten, um Einlaß bettelnd.

In der Stadt war die Nacht anders, alles in der Stadt war anders. Ein Hund war etwas, was man im Park spazierenführte, und sein Besitzer wartete, wenn das Tier sein Geschäft machte, ein Hund war hier etwas, was auf den Hinterbeinen im Fenster saß und einfach dem Lebensstrom zusah, während ein echter Hund etwas auf dem Feld war, bellend jagend, Kaninchen hetzend, der Vetter jenes edlen Tieres, das sich, obwohl von vier Männern und ebenso vielen Ketten festgehalten, losriß, um den Odysseus, seinen so lange fort gewesenen Herrn, zu begrüßen, und damit jenen seine Identität bewies, die ihn für einen Betrüger gehalten hatten.

Die Stadt besaß zahlreiche Attraktionen – Kleider, Cafés, in denen Eiskrem in langstieligen Gläsern serviert wurde, und drei verschiedene Arten von Kaffee.

»Zwei schöne Tassen Kaffee, wie die süßen amerikanischen Mädchen«, sollen zwei GIs gesagt haben, und die Kellnerin soll gefragt haben, ob sie sie schwarz oder weiß wollten. Eine Erwiderung, die jeder zum Totlachen fand und den Gipfel der

Schlagfertigkeit. Soldaten ging man besser aus dem Weg, denn nach all den Härten des Krieges waren sie verrückt nach Mädchen. Ebenso den wenigen Schwarzen, die in und um die Cafés und Tanzhallen bummelten, obwohl sie nach ihrem eigenen Verständnis die »Scheichs« waren. Sie boten Zigaretten an, die Dope enthielten. Medizinstudenten wurden übermütig, tranken Porter, schnorrten, schwänzten die Vorlesungen und sangen auf der Heimfahrt im Bus zum allgemeinen Entsetzen »Gloria in excelsis Deo«.

Mein erster Zusammenstoß mit der Kultur bestand im Kennenlernen eines Rundfunksprechers, der mir das Geheimnis der feinen Nuancen eintrichtern wollte. Er sagte einen Satz, und ich sollte das Gefühl erraten, das er zu vermitteln versuchte – ob es Trauer oder Hohn oder Schock war. »Mein Mann, den ich sehr liebte, hat mich soeben verlassen«, lautete der unvergeßliche Satz, und durch seine Intonation sollte ich herausfinden, ob dies eine trauernde Ehefrau, eine Ehebrecherin oder eine dahinwelkende Frau sagte. Aber die ganze Zeit – wir saßen oben in einer Cafeteria – wußte ich, daß sie im Kino unter uns *Die Glocke von St. Marien* spielten, und die Leute hörten Bing

Crosbys Stimme und erblickten jenes Gesicht, von dem ich meinte, daß es einem traurigen Fuchs ähnlich sah. Ich wußte genau die Stelle, an der Bing zögerte und noch mal zurückging, um der Ordensschwester Lebewohl zu sagen, und wie meine Freundin ausgerufen hatte: »Na, Bing, zurück für 'n Schluck?« und die erbosten Leute im Kino »Pssst« sagten, weil ihre Bemerkung die Feierlichkeit ihrer Gefühle störte. Ich sehnte mich danach hinunterzugehen, einen Sperrsitz zu lösen und alles noch einmal zu sehen, die reine Schwester, die Krankenbetten, die fallenden Schneeflokken und diese Stimme, die sich irgendwie in der Kehle festsetzte. Aber ich hatte kein Geld. Geld war das Ziel aller Dinge, Geld bedeutete alles – Kleider, Strümpfe, Schwoof, luftig-frischen Puder, Wimperntusche und womöglich Hochzeitsglocken. Der Höhepunkt der Woche bestand darin, zu einem bestimmten Kino zu gehen, wo zuerst eine Bühnenschau war. Hier fand ich das ganze Drumherum, nach dem ich mich sehnte, geschlitzte Röcke, sonnengebräunte Schenkel, Boleros, paillettenbestickte Westen, dreiste Blicke, auseinandergestellte Beine und ganze Rudel von Mädchen, die graziös umherturnten, wobei sie ihre etwas anzüglicheren Körperteile mit Fächern oder riesigen Puderquasten bedeckten. Es war immer nachmittags, an meinem halben Arbeitstag – und ich ging ohne Begleitung, um desto besser heimlich genießen zu können. Die Lichter waren silbern oder Silber mit Gold versponnen, das Orchester erklang süßlich, und der Dirigent war in erhabenes Schwarz gekleidet, und dann erschienen auf der Bühne diese Wesen, mit Rouge geschminkt, zerbrechlich und voll unerreichbaren Zaubers.

Und als ob das noch nicht genug wäre, erfuhr man bald, daß diese oberflächlichen Menschen, diese menschlichen Puppen, nur die Kulisse für die Hauptfigur waren, die in schmutzigem Weiß oder sahnigem Beige umherstolzierte und jeden von uns Einsamen direkt und liebevoll und herzlich ansprach, wenn sie sagte: »Wisch doch die dummen Tränen ab, denn du weißt, von nun an bin ich immer dein.« Der Applaus war so enorm, daß er es noch einmal sang. Nichts war von Bedeutung. Man konnte hier sitzen und sich nach Herzenslust räkeln, den Hunger und das Lernen vergessen, man konnte weinen und dann über die Liliputaner lachen, anschließend hinter die

Bühne gehen und zusehen, wie sie nacheinander herauskamen, und schließlich beim Anblick des Schnulzensängers erbeben, wenn er seine Fahrradklammern ansteckte. Der rehbraune oder cremefarbene Anzug wurde gegen etwas Praktischeres eingetauscht, und nach fünfmaligem Ausharren wurde ich glückliche Empfängerin eines Augenzwinkerns. Nicht viel später kam eine Einladung in seine Umkleidekabine zustande. Ich wurde vorsichtig über ein schwarzes Pferdehaarsofa gelegt, ein langer Kuß wurde verabreicht, gefolgt von dem tiefen Gefühl von Mißverständnissen, vermischt mit Entzücken, während sich die braunen Schultern und das dick eingecremte Gesicht über mich beugten. Auf einem Zettel an seinem Spiegel stand: »Ich liebe dich, Sue.« Wer war Sue? War sie Sue, Sue Ciddy Sue? Seine Schenkel preßten mich tiefer und tiefer, die Füllung aus Pferdehaar zeigte ihre Borsten, und als er sich vollkommen den Proportionen meines entsetzten Körpers anpaßte, fühlte ich in mir alles schmelzen, alles außer meinem bedrängten Gewissen. Dann, steif wie das sprichwörtliche Brett, hörte ich, als ob es vom Satan persönlich käme, die denkbar widerlichste Bemerkung: »Ich könnte dich wie Butter durch-

173

stoßen.« Doch mein Schutzengel war wie immer zur Stelle! Gerade in diesem Augenblick klopfte es an die Garderobentür. Es war ein Bühnenarbeiter, der sagte, daß es nur noch fünf Minuten bis zum nächsten Auftritt seien. Draußen standen schon andere Mädchen, die nur darauf warteten, ohnmächtig zu werden. Als ich fragte, ob ich später wiederkommen könnte, meinte er: »Keine Chance, Kleines.« Seine Frau käme mit belegten Broten und Tee. Seine Frau war wasserstoffblond. Ich lag auf der Lauer, um sie zu Gesicht zu bekommen. Vielleicht war sie ja Sue.

In der nächsten Woche trug er einen gestreiften Seersucker-Anzug, sang »Fahr mit auf einem großen Schiff nach China« und wiegte dabei eine unsichtbare Einsame in den Armen. Dann kam ein anderer Sänger, aus Lateinamerika, der sogar noch viel bezaubernder war, mit Goldfüllungen in den Zähnen und Tätowierungen an den Händen und auf der Brust. Er sang nicht nur, sondern tanzte auch – sonderbare Tänze, benutzte seine Hände, erfand Schatten und machte Saltos in der Luft. Das, so erfuhr man, war Choreographie.

Jawohl, es ging bergab mit dir. Du warst ganz schön weit abgekommen von der Wirklichkeit der

174

Wundmale Christi. Du merktest, daß du ganz für diese allwöchentliche Unterhaltung lebtest, wo du auf der Leinwand »die Affären zwischen Geschiedenen und ihre grelle Erotik in atemberaubendem Technicolor« miterleben konntest. Nicht nur das, sondern du nahmst dir auch die Freiheit, die Verwirrung der Sinne und die völlige Bewußtlosigkeit des Körpers bis zu jenem schrecklichen Moment und seiner Bemerkung, dich wie Butter durchstoßen zu können, noch einmal nachzuerleben. Intrige wurde dir zur zweiten Natur. Selbst wenn man neben dem Bett kniete, um die Mädchen, mit denen man zusammenwohnte, zu beeindrucken, wanderten die Gedanken in diese Täler der Freude, stellte man schon Vermutungen über die nächste Woche an, über seine Kleidung, die Schenkel der Mädchen, die Celluloidstory und was sich so entwickeln würde.

In der Zeitung las man die Beschreibung der Art von Person, zu der man da wurde – »von der heißen Art, ihr Haar kunstvoll aufgedreht und schneeweiß gebleicht, eine liederliche Schlampe, die gezupften Augenbrauen mit einem Stift nachgezogen, eine schamlose Person mit einem Mund wie der zusammengequetschte Querschnitt eines

175

blutigen Würstchens«. Wie es dargestellt wurde, war man eine der vielen, die in dem kalten Winterregen in den Schlangen warteten, die Hängeschilder quietschen und kreischen hörten, bereit, den letzten Schilling den Kinokassen in den Rachen zu werfen, um noch einmal hineinzugehen und ein weiteres Quentchen ihrer nicht wiederherstellbaren Integrität einzubüßen. Das Theater war unerreichbar, weil man dazu einen Begleiter brauchte. Aber es hatte auch eine sündige Anziehungskraft. Man las, daß die Werke von Eugene O'Neill von »Mord, Selbstmord, Wahnsinn und Andeutungen auf sexuelle Verirrungen« strotzten, daß Eugene O'Neills Theater »ein pseudopsychologisches Chaos mit platten Dialogen« sei.

In den gewöhnlichen wie in den vornehmen Dubliner Kneipen gab es literarische Gespräche – an denen ich allerdings nicht teilnahm –, ganz ohne Zweifel gespickt mit Schmähungen, ebenso nach den Sperrstunden in geschlossener Gesellschaft am Fuß der Berge, wo beim Verzehr sogenannter Crubeens oder Schweinepfötchen eine rapide allgemeine Benebelung einsetzte. Neben denen, die Alkohol tranken, den Literaten, gab es noch das andere Lager, die Keksfresser genannt, und diese

begaben sich mit ihren Akolythen in die Kaffee-
häuser, doch verschwanden sie bald wieder genauso plötzlich und unerklärlich wie auch die
Zecher. Ernstgesinnte Menschen aus der Dubliner Stadtverwaltung trafen die schwerwiegende
Entscheidung, Rouaults »Christus mit der Dornenkrone« als zu obszön abzulehnen, und ein
Mann, der auf einer Besuchsreise in England gewesen war, brachte ein künstliches Gebiß mit, von
dem er schwor, daß es einmal T. S. Eliot gehört
hätte.

Ich ging die Kais entlang zum Finn's Hotel – in
dem Nora Barnacle Zimmermädchen gewesen
war, als James Joyce sie umwarb –, suchte flüchtig
nach dem Speisesaal, in dem meine Eltern ihr
Hochzeitsfrühstück eingenommen hatten. Es war
ihr Jahrestag. Ich überquerte die Schwelle nicht,
sondern blieb stehen, mit dem Fahrrad an der
Hand, schaute und wartete und war sicher, daß
sich irgend etwas Schicksalhaftes ereignen würde,
bevor die Nacht um war. Vielleicht führen wir so
was ja selbst herbei. Ich fuhr die Uferstraße entlang, im Sprühregen vorbei an den neun katholi-
schen Kirchen, bekreuzigte mich im Geiste, unfähig, meine Hände vom Lenker zu nehmen, aus

Furcht zu stürzen, vorbei an dem Laden, wo gebrauchte Umhänge und Kleider verkauft wurden, auf die Brücke zu, die ein Brennpunkt geschäftigen Treibens war, weil dort die Busse anhielten und die Fahrer und Schaffner abgelöst wurden. Nicht weit entfernt war ein Zeitungskiosk, und ich ging, einem Impuls folgend, dorthin. Ich hatte an einem Literaturwettbewerb teilgenommen und war begierig darauf zu erfahren, ob ich gewonnen hätte. Auf der Treppe hielten mich Männer an und sagten: »Laudamus te« und »Komm in die Taverne.« Einer sagte, er hoffe, daß ich nicht Sheila oder Oona oder Moura hieße oder was sonst noch besonders meschugge klingt. Ich hatte durchstochene Ohren und trug vergoldete Ohrringe, über die er staunte und sagte, daß sie brauchbare Ringe für einen Schweinsrüssel abgeben würden. Ich hatte mir die Ohren an einem meiner halben Arbeitstage durchstechen lassen und dafür die Zeit und das Geld für jenen Lieblingsaufenthalt geopfert, das Kino, und der Arzt, bei dem ich war, sagte mir mit wütendem Mißfallen, daß, falls ich beim Durchstechen des einen Ohres auch nur einen Mucks von mir gäbe, er sich weigern würde, das zweite zu machen. Auch er

sah in mir – oder in meinem leichtfertigen Tun –
den Keim von etwas, was den Untergang be-
schleunigte.

Im Pub durfte ich mir schüchtern von allen Männern zuprosten lassen, und einer war so freundlich, mich zu fragen, ob ich vielleicht ein Päckchen
Kekse wollte. Gelehrte Männer, die über meinen
Kopf hinweg über Spondeen redeten, über die
feineren Vorzüge des Malzwhiskeys, die Portu-
giesische Syphilis, die metaphysische Verrücktheit der Leute aus Kerry im Unterschied zu der
apokalyptischen Verrücktheit der Leute aus Clare.
Sie luden mich zu Drinks ein, Gin und Tonic, Gin
und weiße Limonade, Gin-Martini. Der Raum
begann angenehm zu schwanken, und bei dem
Gehänge der Deckenleuchten und dem Blick auf
das Liffeywasser fing ich an, mir einzubilden, ich
sei an Bord eines Schiffes und, wie der Mann in
dem Lied, »fort nach Amerika«. Selbst Nebelhörner
waren zu hören, und als brüllend die Sperrstunde
ausgerufen wurde, faßte man den Beschluß, sich
zu einem Rund-um-die-Uhr-Etablissement zu begeben, das von einigen Damen geführt wurde. Ein
Mann – mit einer Art Peter-Abälard-Gesicht, wie
es mir vorkam – widmete mir besondere Auf-

merksamkeit und erzählte mir eine lange Geschichte, wie er mal zu zwei Dritteln betrunken auf einem abgelegenen Bahnhof gewesen war, als sich da ein Passagier aus dem Fenster lehnte und ihn fragte, ob er vielleicht nach der Blume von Garryowen suche; und wir redeten miteinander über die *Colleen Bawn (ein sentimentales Melodram von Dion Boucicault, 1820–90, nach dem Roman The Collegians von Gerald Griffin, 1803–1840)*, über das Tiefland um Limerick, das nahezu ständig überschwemmt ist, und über die traurige Stimmung in Gerald Griffins Geschichte, die dort spielt. Dann sang er »The Captain with the Whiskers«, und in der Stille, die auf den Applaus folgte, erzählte mir ein ruhiger Mann mit einem englischen Akzent, daß er einer der Verantwortlichen war, die Dev aus dem Gefängnis geholt hatten; er hatte den Schlüssel in den Kuchen gesteckt, mit dem Dev die Amtsgewalt überlistet hatte. Endlich lebte ich.

Mißmutig ging ich zurück in die Apotheke. Die Taubstummen gingen mir auf die Nerven, das Gentianaviolett färbte meine Hände, und ich mischte die Rezepte in dem alten angeschlagenen Mörser, daß es an Raserei grenzte. Er rief an. Weitere Treffen in Pubs, die gelehrten Gespräche liefen glückselig wie ein Fortsetzungsroman, und die Veränderungen, wie man so sagt, hallten wider in meiner Kleidung, Folge eines geliehenen roten Muffs und dann noch eines hellblauen gehäkelten Schals.

Er war der Auffassung, daß seine Freunde mir nachstellten. Ich machte eine jener Aussagen, die man nur im Gefühlsüberschwang macht und die einem, auch wenn sie wahr sind, in der Ruhe des späteren Lebens für immer unwahr und platt erscheinen müssen. Ich erwiderte ihm auf seinen Argwohn, daß man dann, wenn man eine bestimmte Sache hat, die für einen bestimmten Menschen bestimmt ist, diese nicht einfach einem anderen übergebe. Er nahm meine Hand. Das wollte er nur wissen. Aber was hatte ich eigentlich? Und was wollte ich übergeben? Die Treffen wurden immer verkrampfter und fanden in Pubs statt, die in erheblicher Entfernung von der Stadt lagen. Eines Abends schlug er dann vor, daß wir einen Bus aus der Stadt raus nehmen sollten, um uns die Hecken und die bewaldeten Alleen anzusehen. Bereitschaft mag alles sein, aber zu diesem Zeitpunkt sich auf einer Wiese hinzugeben hatte mehr mit Unfaßbarkeit als mit Bereitschaft oder

Vergnügen zu tun. War man denn nicht in dem Glauben geboren, aufgewachsen und erzogen worden, daß dies das absolute Verbrechen sei, mit dem man seinen Körper besudelte, eine Schwangerschaft riskierte und die Freundschaft Gottes für alle Zeit verlor? Verdammt in der leiblichen wie in der geistigen Welt. War er denn etwa nicht mit den gleichen verqueren Beschwörungen auf die Welt gekommen, lediglich daß Männer größere Draufgänger sind als Frauen?

Ich begleitete ihn in ein Restaurant, in dem ich nichts essen wollte, für den Fall, daß er es sich nicht leisten könnte. Ich saß da und schaute ihm zu, wie er Pommes frites, Würstchen und Erbsen aß, ohne Lust auf das Essen, aber mit dem Verlangen zu fragen, was los sei. War es das? Verlor man so die Jungfräulichkeit, dieses kostbare Kleinod, in solch einem unfeierlichen Morast? Pirandello hat gesagt, daß irgendwo ein Mann sein Leben führte, doch daß er davon nichts ahnte. Ich empfand das gleiche, als ich den angestrengten Gesichtsausdruck und die blonden Wimpern meines Begleiters betrachtete und eine winzige Spur von Gereiztheit entdeckte, wenn die Erbsen sich weigerten, auf der Gabel zu bleiben, bis er sie sich in den Mund steckte. Wir verabredeten uns für die nächste Woche, aber sein Interesse war erlahmt. Eine Woche später stand ich an der O'Connel-Brücke und lehnte an einer Mauer. Da war ein Öltanker, und es war November. Nebelhörner, Kirchenglocken und ein Desperado, der sich damit amüsierte, von fahrenden Bussen abzuspringen und »Peng-peng!« in die Welt zu rufen. Ich ging auf und ab, selbstvergessen und doch nicht selbstvergessen. Mal kam ein Bus an, Leute strömten heraus, wobei sie mich aus dem Weg schoben, und immer noch kein Anzeichen von ihm. Die Neonreklame mit einem anderen grellen Licht für jeden Buchstaben verkündete wieder und wieder das Wort BOVRIL. Der Himmel hatte den üblichen verdrossenen Schimmer eines Stadthimmels bei Nacht. Ich wartete und wußte, daß er nicht kommen würde, und war doch unfähig, mich von der Stelle zu rühren, nicht aus Hoffnung, sondern um den Schmerz des ersten bewußten Versetztwerdens um so besser oder um so qualvoller auszuleben.

Es sollten noch Jahre vergehen, bis ich Kierkegaard las und einen flüchtigen Eindruck von den Möglichkeiten des Triumphs bekam, der mit einer

Abweisung einhergehen kann, mit dem sicheren Wissen – und das hat überhaupt nichts mit Rache zu tun –, daß jene, die fühlen und der Reise ihrer Gefühle folgen, reicher sind als die Verführer, die zuschlagen und wegrennen. Damals verfaßte ich mein erstes rührseliges Gedicht, und es laut auf-zusagen wurde für mich eine Art Trost und ein Antrieb zum Weitermachen. Es ging so:

Gütige Dunkelheit,
macht Madonnen aus Straßenpassanten,
gibt geisterhaften Häuserfronten
eine ureigne Lebendigkeit
und läßt dich zergehn,
bis die braunen Augen
Lügen hauchen.
Und das tapfre Herz
bleibt am Ende stehn.

Nicht allzu lange danach wurde ich von einem anderen fortgewirbelt und trotzte Familie und Freunden wie die Tochter Lord Ullins (*die in der Ballade des schottischen Dichters Thomas Campbell, 1777–1844, mit ihrem Geliebten durchbrennt und auf der Flucht während eines Sturmes ertrinkt, genau im Augen-*

blick der Versöhnung mit dem erzürnten Vater), ertrank aber nicht, sondern begab mich zu einer einsamen Festung in den Bergen, über Gestrüpp, Heide und einem Süßwassersee. Das Geräusch, das mich am häufigsten von dort wieder erreicht, ist das Röhren des Hirsches in den Nadelwäldern in der Dämmerung. Darin enthalten war das ganze Wesen des Jungseins – Sexualität, Verlangen, Einsamkeit und eine Drohung. Ich war vom Land in die Stadt gegangen und dann zurück in die Einsamkeit. Für die Ewigkeit. Die frühen Kasteiungen, die Visionen, die endlosen Novenen, die spätere Schwärmerei für die Hurlyspieler, das Dahinschmelzen im Kino, das Bedürfnis nach Autorität und die gleichzeitige Angst davor, all das hatte den Weg geebnet, und so war es dann eine Einstellung von Bußetun und Unterwerfung, mit der ich diese Verwandlung vom Kind zur Braut durchlief.

7

FLUCHT NACH ENGLAND

Irland zu verlassen bereitete mir keinerlei Trennungsschmerz. Ich nahm das Postschiff, wie die meisten anderen auch, blieb die ganze Nacht auf, beobachtete das Trinken, das Verkleckern, spazierte auf dem Deck herum, dachte daran, wie Mr. Thackeray und Heinrich Böll mit dem Schiff hergekommen waren, um müßig über Irland zu berichten, dachte an die Millionen anderen, die damit fortgegangen waren, um zu vergessen. Euston Station war ein Dschungel, finster und unpersönlich, selbst die Tauben wirkten, als wenn sie künstlich wären, und als ich die Gesichter der Engländer sah, dachte ich nicht an den langen Katalog der bluttriefenden Historie, sondern an die Mordgeschichten, die ich in der Sonntagszeitung gelesen hatte, und an die dunkelhäutige englische Touristin

186

von früher, die Hühneraugenpflaster dabeigehabt hatte und eine Puderquaste, die in ihrem Taschentuch eingenäht war.

Das sollte nun mein Zuhause sein. Es hatte nichts, das für es spräche. Ungesund, unfreundlich, mit verfallendem Putz und für meine unwissenden Augen morbide, da ich überall Kränze sah und nicht wußte, daß es in England so etwas wie einen Remembrance Sunday, einen Volkstrauertag, gibt. Aber ich war entkommen. Das war mein Sieg. Der wahre Streit mit Irland begann damals erst in mir zu keimen; ich hatte daran gedacht, wie es mich verkorkst hatte und alle um mich herum und deren Eltern vor ihnen, alle waren durch eine Vielzahl von Ängsten erniedrigt worden – Angst vor der Kirche, Angst vor dem Leihhaus, Angst vor Geistern. Angst vor der Lächerlichkeit, Angst vor Hunger, Angst vor Vernichtung und Angst vor der eigenen tief verwurzelten Aggression, die man nur aneinander auslassen konnte, da einem nicht das Selbstbewußtsein gegeben war, auf diejenigen einzuschlagen, die über einem standen. Auch Mitleid kam in mir auf. Mitleid mit einem Land, das so oft kahlgeschlagen wurde, Mitleid mit einem Volk, dem es widerstrebt, zuzugeben, daß irgend etwas nicht stimmt. Deshalb gehen wir fort. Weil wir die Frechheit haben, anderer Meinung zu sein. Weil wir uns fürchten, seelisch zu ersticken. Aber man geht nur unter Vorbehalt. Der Mensch, der du bist, ist nur die verhaßte Kehrseite des Menschen, der du gern wärest.

Aber die Zeit ändert alles, unsere Einstellung zu bestimmten Orten eingeschlossen. Es gibt keinen immerwährenden Haß, genausowenig, wie es unzweideutige Zustände irdischer Liebe gibt. Stunde um Stunde kann ich an Irland denken, ich kann mir ziemlich genau vorstellen, was in jedem dieser kleinen Städtchen bei Tag oder bei Nacht passiert, kann die gepflügten Felder sehen und die von Mauern umgebenen Gärten, den verschütteten Bierschaum auf den Schanktischen, ich höre Streitgespräche und Balladen, das Wandlungsglöcklein und die Gebete für die Toten. Ich könnte fast zu jeder Stunde sagen, was jeder meiner Freunde gerade macht, so gleichförmig ist der Lebensrhythmus dort. Ich schlage ein Buch auf, vielleicht ein Schulbuch oder ein Buch über Aberglauben oder eins mit Ortsnamen, und ich brauche nur die Namen Ballyhooly oder Raheen zu lesen, um wieder in diese Welt einzutauchen, von der ich solchen

Reichtum und solchen unsäglichen Kummer erfahren habe. Die Tinkers von Rathkeale werden wohl gerade zu ihren Siedlungen zurückfahren, und die Frau, die in ihrem Wohnwagen wahrsagt, wird ihr Kind in den Ort schicken, um den zehnten Laib geschnittenen Brotes zu holen, während ein oder zwei Meilen weiter eine Lady Sowieso auf ihrem Gut gerade ihrem Reitknecht erzählt, wie sie schon wieder ihr Pferd zu Schaum geritten hat, und an einer Tür in einer Stadt baumelt eine schwarze Kreppschleife an einem Türklopfer, mit einer schwarzumrandeten Karte daran, auf der handgeschrieben steht, wann und wo die sterblichen Reste beigesetzt werden, während die abstoßenden kahlen Bungalows wie Pilze den Straßenrand säumen. Die Männer werden wie immer versuchen, sich von ihrem Schicksal zu distanzieren, entweder durch Alkohol oder durch schmutzige Geschichten, und die älteren Frauen werden ganz von dem Wissen um ihre niederdrückende Bürde erfüllt sein, während die jungen Mädchen plappern, um Zerstreuung zu suchen.

Es stimmt, daß die Heimat unsere Kindheit wie eine Kapsel umschließt, und jene Feldwege, Kuhställe, Wiesen, Blumen, Insekten, Sonnen, Monde und

Sterne erscheinen immer wieder neu und peinigen mich mit der Aussicht auf einen goldenen Schlüssel, der mich über die Geburt hinaus zu den Wurzeln meiner Abstammung führt. Irin? Wahrhaftig, ich möchte nichts anderes sein. Irisch ist ein Wort für eine Geisteshaltung – ebenso wie für ein reales Land. Es bedeutet, mit anderen Nationalitäten im Hader zu liegen, eine ganz andere Philosophie über Freude, Strafe, Leben und Tod zu haben. Wenigstens läßt es einen nicht kleinmütig sein.

Irland bedeutet für mich Augenblicke seiner Geschichte, seiner Landschaft, ein paar Leute, die seine seltsame Beschaffenheit verkörpern, die Züge eines Gesichts, einen lauten Ruf, eine Zeile aus einem Stück von Synge, der Hauch der Nachtluft – aber es ist ein Irland, unsubstantiell wie die Göttinnen, von denen Dichter träumen und die sie in seltsame Gefilde entführen. Ich lebe nicht in Irland, denn irgend etwas warnt mich, daß ich, wenn ich dort lebte, aufhören könnte zu fühlen, was es heißt, ein solches Erbe zu besitzen, daß ich gelassen werden könnte, wo ich doch in Wirklichkeit immer wieder und aus unerklärlichen Gründen diesen selben Weg aufs neue verfolgen möchte, diesen schneidend scharfen Weg der Kindheit, in der Hoffnung, irgendeinen Hinweis zu finden, der den Sprung möglich machen wird oder machen würde oder machen könnte, der einen wieder zurück zu seinem Ausgangspunkt und ursprünglichen Bewußtseinszustand bringt, zu der radikalen Unschuld im Augenblick gerade vor der Geburt.